Christnacht, Glocken, Engelslocken

*Gedichte und Geschichten
zur Advents- und Weihnachtszeit*

Vera Hewener

Edition Calamus

Über das Buch

Können Erzengel den Himmel retten? Was bedeutet der Nikolausalarm? Was geschieht, wenn in der Christmette das Licht ausgeht? Was ist zu viel und was zu wenig? Heitere und nachdenkliche Gedichte, Geschichten, Liedtexte und kurze Bühnenstücke zur Advents- und Weihnachtszeit, auch in Moselfränkisch, stimmen auf das Weihnachtsfest ein.

Über die Autorin

Vera Hewener erhielt für ihr Werk mehrere internationale Auszeichnungen und Literaturpreise u.a. „Superpremio Cultura Lombarda" vom Centro Europeo di Cultura Rom (I) 2001, den „Grand Prix Européen de Poésie" von CEPAL Thionville (F) 2005, Trophäe Goethe 2007, zuletzt Wilhelm-Busch Preis 2017.

Pressesplitter

„Anmutige, unverbrauchte Bilder." SZ, 07.06.2017

„Vera Hewener versteht es meisterlich, Fiktion und Realität miteinander zu verknüpfen... viel Raum für Besinnlichkeit und Reflektion." DieWoch 11.10.2017 Buchtipp „Kerzen, Wunder, Himmels-Zunder"

„Offensichtlich steckt auch ein Schalk in Hewener, einer, der mit heiterer Leichtigkeit Reime und Silben sammelt, bündelt und wieder streut, der Pointen nicht scheut und es auch mal schätzt, den direkten Weg in die Herzen einschlagen zu können." SZ 07.12.2017

„Einfühlsam geschriebene Geschichten, mal heiter und komisch, mal reflektierend und nachdenklich. Besinnlich hingegen sind die Gedichte zur Advents- und Weihnachtszeit. Da spricht eine tiefe religiöse innere Stimme mit neuen, anrührenden Sprachbildern über die Weihnachtsgeschichte." DieWoch Buchtipp „Christnacht, Glocken, Engelslocken" 10.11.18

Christnacht, Glocken, Engelslocken

Gedichte und Geschichten
zur Advents- und Weihnachtszeit

Vera Hewener

Edition Calamus

Die Deutsche Bibliothek verzeichnet diese Publikation in der Deutschen Nationalbibliografie; detaillierte bibliografische Daten sind im Internet abrufbar unter
www.http://dnb.dnb.de .

Herstellung und Verlag:
BoD - Books on Demand GmbH
In de Tarpen 42
D- 22848 Norderstedt

Printed in Germany
2. Ausgabe 2019
ISBN 9783741251641
8,50 €

Inhalt

Weihnachtsläuten

Glockengeläut, wenn die Wächter des Himmels rufen,
Glockengeläut, wenn der Verkünder der Botschaft
hinabsteigt von Ewigkeits-Stufen.

Dies ist der Klang aller Klänge,
der Maria ein Kind verspricht,
der ihr auferlegt alle Gänge,
von der Geburt bis zum jüngsten Gericht.

Und Maria erkennt die Pflicht als Gnade,
die nur ihr allein wird zuteil.
Die Gewalten und Fürstentümer-Brigade
ihr beisteht, sie gebiert das Heil.

Wenn das Himmelskind lacht,
spielt mit goldenen Locken,
von der Mutter gebettet im Stroh,
aufläuten von Kirchentürmen Ewigkeits-Glocken
in der Christnacht, ein Stern steht in Loh.

Glockengeläut, wenn die Wächter des Himmels rufen,
Glockengeläut, wenn der Verkünder der Botschaft
hinabsteigt von Ewigkeits-Stufen.

Als im Köllertaler Dom das Licht ausging

Die Kirche würde proppenvoll werden, hundertprozentig. Der einzige Chefdirigent, Musikprofessor und Domkapellmeister, der aus Püttlingen stammte, gestaltete mit seinem Sinfonieorchester und dem Chor in diesem Jahr die Christmette im Köllertaler Dom. Der Förderverein hatte eine große Werbeaktion gestartet. Alle kamen, die Müllers, die Meyers, die Maurers, kurzum alles was Rang und Namen hatte. Die Bevölkerung strömte bereits dreißig Minuten vorher in das Kirchengebäude, denn nur die ersten Reihen waren für die Honoratioren der Stadt reserviert. Selbst die Ministerpräsidentin, die ebenfalls aus dieser Stadt stammte, hatte sich angesagt.

Tagelang war man damit beschäftigt gewesen, den Kirchenraum zu schmücken. Festlicher als festlich wurde er ausstaffiert, alle Kerzenhalter und Zelebrationsgefäße poliert, die eigens hierzu ausgesuchten Tannenbäume links und rechts neben dem Hochaltar aufgestellt und mit roten und goldenen Glocken, Strohsternen und viel Lametta prachtvoll geschmückt. An den Kirchenbankreihen des Hauptschiffes prangten Bögen aus Tannenzweigen mit roten und weißen Weihnachtssternen, zusammengehalten von seidenen, bodenlangen weißen Schleifen. Die Ministranten waren dazu eingeteilt, die Beleuchtung einzurichten für die Tannenbäume, die Kerzen und die Krippe. Aus Brandschutzgründen wurden nur vor dem Altar weiße Wachskerzen in den prunkvollen Kandelabern befestigt. Bei soviel öffentlichen Persönlichkeiten durfte man kein Risiko eingehen, schließlich stammte selbst der Polizeipräsident aus der Köllertalstadt.

Selbstverständlich empfanden die Messdiener es als eine große Ehre, den Pfarrer der Kirche bei diesem Gottesdienst zu unterstützen. Nur Ministrant Michael aus der vierten Klasse durfte nicht mithelfen. Seitdem er zum Geburtstag einen elektrischen Baukasten geschenkt bekam, war nichts mehr vor ihm sicher. Ständig löste er einen Kurzschluss aus. Die Eltern waren bereits völlig entnervt, denn er wollte unbedingt für die weihnachtliche Außenbeleuchtung ihres Anwesens sorgen. Und da der kleine Michael nicht hören wollte und es auch als eine Schmach empfand, von den Vorbereitungen der Beleuchtung ausgeschlossen worden zu sein, er war schließlich Klassenbester, beschloss er kurzerhand, sich nach der Generalprobe davon zu überzeugen, dass seine Mitstreiter auch alles richtig gemacht hatten. Außerdem kam er auf die Idee, den Gottesdienst mit einem besonderen Glockengeläut zu bereichern. Nach der Predigt sollten sämtliche Glocken erschallen, als Zeichen der rühmlichen Geburt des kleinen Jesuskindchens.

Hierfür wartete er, bis alle nach der Generalprobe den Kirchenraum verlassen hatten. Er lief hinter die Krippe, die vor dem rechten Seitenaltar aufgebaut war, um sein Werkzeug zu holen, das er dort vorher versteckt hatte. Für das Hinzuschalten des Glockengeläutes benötigte er seiner Meinung nach ja nur eine Überbrückung zum Haupttransformator der Beleuchtungsanlage. Der Glockenturm wurde schließlich nicht mit Starkstrom betrieben. Das hatte er zumindest erfragt. Die erste Bank, die Krippe und die unteren Zweige der Tannenbäume bestückte er zusätzlich mit solarbetriebenen Lichterketten. Als er alles installiert hatte, verließ er die Sakristei durch das Fenster der Toilette, denn das Gotteshaus wurde nach der Generalprobe verschlossen.

Als sich vor Beginn der Christmette alle begrüßt, zugenickt oder zumindest zugewunken hatten, ließen sie sich auf den Kirchenbänken nieder. Die ganze Messdienerschar, zu der auch Michael gehörte, kam unter brausenden Orgelklängen aus der Sakristei gepilgert, wandelte das rechte Seitenschiff hinunter, um vom Eingangsportal aus wieder durch das Hauptschiff zum Altar zu ziehen. Das Eingangslied wurde angestimmt. „Tauet Himmel, den Gerechten, Wolken regnet ihn herab", schallte es durch den Sakralraum. Der feierliche Gottesdienst begann, die Lektorin las aus dem Brief des Paulus an Titus „Die Gnade Gottes ist erschienen, uns alle zu retten." Ein Halleluja-Wechselgesang zwischen Kantor und Gemeinde folgte. Während dessen ging der Pfarrer, begleitet von zwei Messdienern, mit dem Evangelienbuch an das Pult, legte es dort ab, schwenkte den Weihrauchkessel hin und her und begann, das Evangelium nach Lukas vorzulesen. „Es begab sich aber zu der Zeit..."

Der kleine Michael hatte sich inzwischen unbemerkt hinter die Krippe geschlichen, um den Abschluss der Predigt nicht zu verpassen, denn dort stand sein Umschalttransformator, der das Geläut in Gang bringen sollte. Die Predigt dauerte gut fünfzehn Minuten. Die Menschen wurden dazu aufgerufen, sich wie Brüder und Schwestern zu verhalten. Dann kam der große Moment. Michael drehte den Schalter nach links. Stromausfall im Kirchenschiff, die gesamte Beleuchtung fiel aus, es wurde stockdunkel. Nur die Kerzen vor dem Altar brannten noch. Ein unruhiges Raunen machte sich breit, manchen entwich ein ängstlicher Schreckensruf. Plötzlich erschallte das Glockengeläut und nach einem kurzen Moment der Dunkelheit fingen die Solarlichterketten an zu flackern, so als wollten sie den geheimnisvollen Zauber dieser Nacht den Christen noch einmal vor Augen führen. „Oh", entwich es den nun staunenden Gottesdienstbesuchern voller Entzücken.

Gut, dass wenigstens die Orgel mit einem eigenen Stromkreis abgesichert war. Der Organist griff in die Tasten und spielte blind, der Chor stimmte das Credo an. Jetzt zahlte es sich aus, dass sie so intensiv geprobt hatten und die meisten alles auswendig singen konnten. Nachdem das Glockengeläut verstummt war, drehte Michael den Schalter wieder um und, welch ein Wunder, die Beleuchtung funktionierte wieder.

Am nächsten Morgen im Hochamt erzählte man sich von dem kurzzeitigen Stromausfall, dem ergreifenden Zauber des Glockengeläuts und der Notbeleuchtung. Da die

Überprüfung der elektrischen Leitungen keinen Fehler erkennen ließ, vermutete man, dass wohl der Herre Christ die Glocken eingeschaltet hatte, um sich für das feierliche Fest zu bedanken. Ministrant Michael indes freute sich riesig über die Begeisterung der Kirchgänger, welche er durch seinen, wenn auch unbekannten und unerlaubten Einsatz, ermöglicht hatte. Bis heute weiß übrigens niemand, wer den Herre Christ bei dieser wundersamen Aktion unterstützt hatte.

Deutscher Text zur Melodie „Ding! Dong! Merrily on High" Melodie: Französischer Tanz, 16. Jahrhundert Originaltext: George Raatcliffe Woodeward

Ding! Dong! Freut euch, ihr seid frei!

Ding! Dong! Freut euch, ihr seid frei!
im Himmel Glocken klingen.
Ding! Dong! Kommt alle herbei,
die Engelchöre singen.
Gloria, hosanna in excelsis!
Gloria, hosanna in excelsis!

Stimmt mit ein in das Credo,
lasst Kirchenglocken schallen,
singet alle und seid froh,
zum Himmel soll es hallen.
Gloria, hosanna in excelsis!
Gloria, hosanna in excelsis!

Singt den allerschönsten Reim,
hört hin, die Glocken läuten.
Christus kommt in euer Heim,
er will dein Heil bedeuten.
Gloria, hosanna in excelsis!
Gloria, hosanna in excelsis!

Nikolausalarm

In der Notrufzentrale sitzt Wachtmeister Meyer vor dem Telefon und blättert in einer Zeitung. Er hat eine Nikolausmütze mit Blinklicht an. Es klingelt.

Wachtmeister gelangweilt: „Hallo, hier spricht Wachtmeister Meyer. Was kann ich für Sie tun?"

Anruferin außer Atem: „Ich möchte einen Einbruch melden?"

Wachtmeister zweifelnd: „Einen Einbruch, heute?"

Anruferin bestätigt: „Ja, einen Einbruch."

Wachtmeister verständnislos: „Wer soll denn an so einem Tag bei Ihnen einbrechen?"

Anruferin empört: "Das weiß ich doch nicht."

Wachtmeister: „Und wen wollen sie dann anzeigen?"

Anruferin aufgeregt: „Ich will keine Anzeige erstatten, bei mir wird gerade eingebrochen. Hören sie, sie müssen ganz schnell kommen!"

Wachtmeister: „So eingebrochen. Woher wollen sie das denn wissen? Wir kommen heute nur, wenn auch wirklich ein Einbrecher bei ihnen ist."

Anruferin aufgeregt: „Im Wohnzimmer kracht es, jemand hat „Hoho" gerufen und alles ist voller Ruß."

Wachtmeister jetzt interessiert: „Voller Ruß? Brennt es vielleicht?"

Anruferin: „Nein, es brennt nicht, jemand poltert und ruft Hoho!"

Wachtmeister: „Gepoltert hat es, so, so. Haben Sie vielleicht ein Haustier?"

Anruferin: „Wir haben eine Katze. Was hat denn die Katze mit dem Einbruch zu tun?"

Wachtmeister: „Vielleicht ist ihre Katze herumgesprungen, hat geschnauft und es ist etwas hingefallen."

Anruferin: „Das kann nicht sein, es war ein lautes Holterdipolter?"

Wachtmeister: „Ach, ein Holterdipolter, kein Traritrara, der Winter der ist da?"

Anruferin empört: „Nein, ein Holterdipolter, Winter haben wir schon."

Wachtmeister: „So, so. Was hat denn gepoltert, hat die Katze etwas umgeworfen?"

Anruferin wird immer aufgeregter: „Aber ich sage doch, dass es ein Einbrecher ist und nicht meine Katze. Die sitzt doch in der Küche."

Wachtmeister: „Ja, ja, jetzt regen Sie sich nicht so auf, sonst muss ich noch den Notarzt rufen. Öffnen Sie doch mal die Wohnzimmertür."

Anruferin voller Angst: „Was, ich soll die Tür öffnen?"

Wachtmeister: „Jawohl, die Tür, was denn sonst? Bis wir ankommen, ist der doch schon weg. Oder wollen Sie vielleicht durch das Kamin einsteigen?"

Anruferin ängstlich: „Aber der Einbrecher ist doch da drin, vielleicht hat er eine Waffe?"

Wachtmeister: „Woher wollen Sie denn wissen, ob er eine Waffe hat? Hat er schon geschossen?"

Anruferin erleichtert: „Nein, Gottseidank noch nicht."

Wachtmeister: „Ja dann öffnen Sie jetzt ganz vorsichtig die Tür und wenn es knallt, laufen Sie schnell davon."

Anruferin mutig: „Gut, auf ihre Verantwortung. Wenn ich verletzt werde, tragen sie die Kosten. Inklusive Schmerzensgeld."

Wachtmeister: „Und, was sehen sie?"

Anruferin berichtet: „Alles voller Ruß und Wind. *Fängt an zu husten.* Ich kann gar nichts sehen."

Wachtmeister: „Haben Sie vielleicht vergessen, den Adventskranz auszumachen?"

Anruferin: „Nein, er war doch gar nicht an!"

Wachtmeister: „Wo kommt dann der Ruß her?"

Anruferin: „Das weiß ich doch nicht!"

Wachtmeister: „Ist der Feuermelder angegangen?"

Anruferin wieder empört: „Nein, er hat nicht gewarnt."

Wachtmeister: „Na, dann hat es auch nicht gebrannt. Dann machen Sie mal ein Fenster auf."

Anruferin: „Ein Fenster? Gut, aber nur auf ihre Verantwortung."

Wachtmeister: „Und, können sie jetzt etwas sehen?"

Anruferin beruhigt sich: „Ja, der Rauch zieht ab."

Wachtmeister: „Und, was sehen Sie?"

Anruferin: „Hier liegen überall Socken herum?"

Wachtmeister: „Socken? Haben Sie Besuch gehabt?"

Anrufer: „Nein, niemand war hier."

Wachtmeister: „Dann riechen Sie doch mal daran?"

Anrufer: „Was, ich soll an fremden Socken riechen?"

Wachtmeister: „Ja, riechen Sie doch mal an einer Socke."

Anruferin nimmt eine in die Hand: „Igitt, die ist ja ganz kalt und feucht. In den anderen stecken lauter Süßigkeiten."

Wachtmeister: „Und sie sagen, es war kein Besuch im Haus? Haben sie vielleicht Halloween gefeiert?"

Anruferin verärgert: „Aber ich sage ihnen doch, ich hab niemand eingeladen. Außerdem ist Halloween schon lang vorbei."

Wachtmeister: „Wenn das so ist, sammeln sie die Socken ein und bringen sie mir die Beweise aufs Revier oder glauben sie vielleicht noch an den Weihnachtsmann?"

Anruferin irritiert: „Weihnachtsmann, ich bin doch kein Kind mehr."

Wachtmeister: „Eben, bringen sie alle gefüllten Socken zu mir."

Anruferin erstaunt: „Und was ist mit dem Einbruch?"

Wachtmeister: „Wenn nichts gestohlen wurde, gab es auch keinen Einbruch. Im Gegenteil, sie haben etwas bekommen, ohne zu wissen von wem. Wollen sie vielleicht eine Anzeige gegen den Weihnachtsmann aufgeben?"

Anruferin: „Gegen den Weihnachtsmann? Den gibt es doch gar nicht."

Wachtmeister: „Eben. Und weil sie etwas bekommen haben, das sie gar nicht bestellt haben, gehört es ihnen auch nicht und sie können die Socken deshalb zu mir bringen."

Anruferin: „Weshalb soll ich ihnen denn die Sachen bringen, die mir irgendjemand geschenkt hat? Ist es neuerdings eine Straftat, ein Geschenk zu behalten?"

Wachtmeister: „Nur, wenn sie nicht an den Weihnachtsmann glauben."

Anruferin: „Aber den Weihnachtsmann gibt es ja auch nicht."

Wachtmeister: „Dann bringen sie die Sachen ganz schnell zu mir, noch vor heute Abend."

Anruferin: „Wie, ganz schnell?"

Wachtmeister: „Sehen mal auf den Kalender? Und?"

Anruferin: „Es ist der 5. Dezember."

Wachtmeister: „Eben. Es ist Sankt Nikolaus und ich bin heut Abend der Weihnachtsmann."

Deutscher Text zur Melodie „Rudolf. the Red-Nosed-Reindeer" Musik.
Johnny Marks 1949

Rudolph, Rotnase-Rentier

Rudolph, Rotnase-Rentier,
seine Nase scheint so rot,
wenn du sie jemals sehn wirst,
siehst du, dass sie wirklich loht.

Darüber andre lachten,
ärgern und verspotten ihn,
lassen den armen Rudolph
allein, sie spielen nicht mit ihm.

Doch als Heiligabend kam
sprach Nikolaus zu ihm:
„Deine Nasse leuchtet so,
mach mit mir die Kinder froh."

Da liebten ihn die andren,
riefen es mit Freude aus:
„Rudolph, Rotnase-Rentier,
ist das Licht von Nikolaus."

Nur noch der rote Rudolph
den Schlitten zieht von Nikolaus,
leuchtet mit seiner Nase
allen auf dem Weg nach Haus.

Jedes Jahr im Dezember,
wenn es draußen stürmt und schneit,
wissen die Kinder alle,
Nikolaus ist nicht mehr weit.

Denn wer hoch zum Himmel schaut,
sieht den roten Schein.
Jeder weiß, der Nikolaus
wird bald bei ihnen sein.

Drum lieben auch die Kinder
Rudolph mit der roten Nas',
warten auf die Geschenke,
das macht allen großen Spaß.

Die Weisen

Einst zogen drei Weisen durch Sturm und Wind,
folgten dem Stern durch die Nacht,
das Schneegestöber machte sie blind,
sie stapften und eilten zum göttlichen Kind,
 ein Stern hielt am Himmel die Wacht,
 ein Stern hielt am Himmel die Wacht.

Er stand plötzlich still über Bethlehem,
strahlte hellauf in der Dunkelheit.
Die Krippe im Stall stand auf hartem Lehm,
das Kind im Stroh lag weich und bequem,
 es kam aus einer anderen Zeit,
 es kam aus einer anderen Zeit.

Die Weisen Geschenke hatten dabei,
brachten Weihrauch, Myrrhe und Gold.
Am Ziel der weiten Landwanderei
ertönte von fern der Klang der Schalmei,
 die Geburt war von Gott gewollt,
 die Geburt war von Gott gewollt.

Heut ziehen drei Kinder von Haus zu Haus,
halten hoch den heiligen Stern,
sie singen und wandern herum ohne Paus',
der Sternträger immer ein Stückchen voraus,
 sie künden vom Kommen des Herrn,
 sie künden vom Kommen des Herrn.

Die Sternsinger

Wie jeder Dezember barg auch dieser ein ganz besonderes Geheimnis. Schon die Auswahl der Kinder für das Krippenspiel sorgte für Aufregung. Das Trostpflaster für die nicht Auserkorenen war das Sternsingen. Eine wichtige Aufgabe, denn das eingesammelte Geld, floss an eine Missionsstation in Afrika. Die Marienschwestern, welche diese unterhielten, unterstützten damals maßgeblich das christliche Leben in unserer Kirchengemeinde. Dazu gehörten der Religionsunterricht in den Schulen, der Betrieb des Kindergartens, Exerzitien, Bibelstunden, die Ordnung und Sauberkeit des Kirchengebäudes und die Unterstützung bei der Durchführung der Gottesdienste.

Die Missionsarbeit war eine der Hauptaufgaben des Ordens. Die katholische Kirche betrachtete Menschen, die nicht getauft waren, als Heiden. Dazu gehörten alle Menschen, die in Afrika lebten. Heidenkinder sind arm, hieß es, nicht nur, weil ihre Seele Gott nicht kannte. Sie verhungerten ohne unsere Mithilfe, zumindest wurde uns dies so im Unterricht beigebracht.

Uns erschienen daher Menschen mit einer anderen Hautfarbe irgendwie unheimlich. Kinder kamen uns noch exotisch vor, Erwachsene aber erlebten wir fast wie eine Bedrohung, sie jagten uns Angst ein. In den Kinderliedern und Geschichten war der schwarze Mann fast immer bösartig. Der Mohr hingegen stellte die gute Seite dar.

Obwohl ich als Mädchen keine Messdienerin sein durfte, die Geschlechter waren damals auch im Gottesdienst noch streng getrennt, Männer saßen links, Frauen rechts, dazwischen der Mittelgang, waren sie als Sternsinger jedoch willkommen. So fand ich meine Bestimmung als Sternsingerkind, denn zum Krippenspiel hatten mich die Marienschwestern auch nicht eingeteilt.

Wir waren vier Kinder, obwohl die Bibel eigentlich meist nur von den drei Weisen aus dem Morgenland berichtete. Einer von uns wurde schwarz angemalt, jemand musste schließlich den Mohr verkörpern. Einen Sternträger gab es auch.

In der ersten Januarwoche ging es los. Katrin wurde zum Mohr Melchior und schwarz angemalt, Michael wurde zu Caspar, Peter war der Sternträger und ich sollte Balthasar sein. So zogen wir fein säuberlich kostümiert und maskiert durch die Straßen unserer Gemeinde. Einen Straßenplan hatten wir auch dabei, damit wir wussten, wo wir sammeln sollten. Wir klingelten, sangen eifrig unsere Lieder, sammelten Spenden und schrieben mit Kreide den Segensspruch über die Haustür. Wenn in unserer Büchse die Münzen klingelten, freuten wir uns riesig, denn wir wollten ebenfalls einen stattlichen Beitrag zum Betrieb der Missionsstation leisten.

Alles lief problemlos, bis wir zu einem Haus kamen, dessen Nummer nicht auf unserer Straßenliste vermerkt war. Wir, die Weisen aus dem Morgenland, blieben stehen und hielten Rat, was wir tun sollten. Wir dachten, dass es sich wohl um einen Irrtum handeln musste, nahmen unseren ganzen Mut zusammen und klingelten. Niemand öffnete. Wir versuchten es noch einmal. Keine Reaktion. „Aller guten Dinge sind drei", sagte Katrin und drückte noch einmal den Klingelknopf. Tatsächlich, es bewegte sich etwas, Schritte kamen näher. Die Tür ging auf und vor uns stand ein dunkelhäutiges Kind.

Es sah uns mit großen braunen Augen an, zuerst ebenso überrascht, dann ungläubig und dann folgte ein Freudenschrei: „Is jy ook 'n Afrikakind? Kum lasse her, kum lasse her", rief der Junge, der etwa in unserem Alter war. Dabei ergriff er die Hand des schwarzen Sternsingerkindes. Wir verstanden nichts.

Der Junge rief immer nur: „Kum lasse her, kum lasse her." Unsere Mohrin Katrin Melchior ließ sich ziehen und zockelte verunsichert hinterher, wir übrigens auch, wir wollten Katrin mit dieser Situation nicht allein lassen und sie beschützen.

Von drinnen rief eine Frau etwas, das wir ebenfalls nicht verstanden. Wir erschraken. Verunsichert folgten wir dem leibhaftigen Heidenkind in das geheimnisvolle Haus. Auf der Couch im Wohnzimmer lag eine dunkelhäutige Frau und fuchtelte mit den Händen. Sie musste wohl die Mutter sein.

„Kum, kum seuntjie", freute sie sich und setzte sich auf. „Oh", rief sie erstaunt mit hoch erhobenen Händen, als sie Katrin sah, „oh Kind, Afrikakind." Wir verstanden kein Wort, außer Afrika und Kind.

Der Junge griff wieder nach Katrins Hand und rief: „Kind, Kind, Afrika!"

Was sollten wir tun? Niemand hatte uns gesagt, dass in unserem Dorf Heiden lebten. Das Haus existierte nicht einmal auf unserer Straßenkarte, wir befanden uns wohl in einem verbotenen Haus.

„Wir müssen jetzt singen", sagte Peter, der Sternträger, wie ein Leitwolf, „das ist unsere Aufgabe." Also stellten wir uns auf und sangen den Sternsingergruß.

„Oh," rief die Mutter immer wieder dazwischen, „oh, god, god, Kind, Afrika.".

„Ja, ja", sagte da Michael, „wir kommen für Gott und sammeln für Afrika."

„Afrika, Afrika", sang die Mutter des Jungen, umarmte und drückte uns voller Herzlichkeit und aufgeregter Freude.

„Kum lasse esse", sagte sie, verschwand in der Küche und brachte Gebäckstücke mit, die wir nicht kannten.

„God, god," rief sie, wickelte es in Papier ein und gab es mir. „Kind esse in Afrika, Kind esse, god, god."

Da ich für die Sammelbüchse verantwortlich war, schüttelte ich diese hin und her, damit die Münzen schepperten.

„God, god. Ons skenk vier Kinders in Afrika", rief sie wieder, „ons lasse esse Afrikakind."

Sie griff nach dem Geldbeutel, nahm ein Markstück heraus und warf es in die Büchse. Wir bedankten uns artig, Michael schrieb den Segensspruch an die Haustür.

„Kum lasse her, kum lasse her?" fragte der Junge erwartungsvoll und schüttelte Katrin wieder die Hand. „Ek is Afrikakind." Er winkte uns lange nach.

Als wir die Spenden der Kirchenschwester übergaben, erzählten wir ihr von der merkwürdigen Begegnung. Sie erklärte uns, dass die Mutter mit dem Kind flüchten musste, weil sie vom Stammesältesten verstoßen worden war. Die Frau hatte sich geweigert, den Sohn desselbigen zum Mann zu nehmen und war von einem anderen Mann schwanger geworden. Gleich zwei Tabus hatte sie gebrochen, als Frau sich zu verweigern und selbst zu entscheiden, mit welchem Mann sie sich verbinden wollte und ein Kind von diesem zu gebären, ohne eine legale Verbindung mit ihm eingegangen zu sein.

Die Missionsstation hatte sie aufgenommen, versteckt und schließlich nach Deutschland gebracht, um sie vor der Verfolgung zu schützen. Diese Frauen wurden von dem Stamm gesteinigt. Daher auch das Verschweigen der Unterkunft. Und da das Asylverfahren noch andauerte, konnte die kleine Familie nicht am Sprachunterricht teilnehmen und verfügte nur über ein paar aufgeschnappte Wortstückchen.

Die Tragweite dieser Begegnung war uns als Kinder damals nicht bewusst. Heute erinnere ich mich daran, dass wir wohl wie ein Begrüßungskomitee für Flüchtlinge gewirkt haben mussten. So wurden wir damals als Sternsinger im wahrsten Sinn des Wortes, ohne es zu ahnen, zum Hoffnungsträger der Menschlichkeit.

Deutscher Text zur Melodie „Go, tell it on the mountain"
Afroamerikanisches Spiritual um 1865, ursprüngliche Verfasser unbekannt.

Geht, singt es von den Bergen

Geht, singt es von den Bergen,
von überall auf dieser Welt.
Geht, singt es von den Bergen,
Christus ist gebor'n.

Nachts die Hirten ihre Schafe streng bewachten,
sie waren still und allein.
Und von oben aus des Himmelshöhn
entsprang ein heiliger Schein.

Geht, singt es von den Bergen,
von überall auf dieser Welt.
Geht, singt es von den Bergen,
Christus ist gebor'n.

Hirten fürchteten sich und zitterten,
sie sahn hinauf zum Himmelstor.
Eine Engelschar voll Jubelklang
den Retter preist im Chor.

Geht, singt es von den Bergen,
von überall auf dieser Welt.
Geht, singt es von den Bergen,
Christus ist gebor'n.

Deutscher Text zur Melodie „Davids Song" von Vladimir Cosma.

Weihnachtslied

Wo willst du hin, kennst du den Weg,
wer zeigt in dir?
Wo liegt der Sinn, in dieser Welt,
was gibt in dir?
Wer geht mit dir auf deinem Weg
voll Zuversicht und sucht das Licht?

Gott geht mit dir, leuchtet den Weg,
schuf diesen Stern.
Er bringt das Heil in diese Welt,
in nah und fern.
Engel aus Licht kündet von Pflicht.
Maria lobt und preist den Herrn.

gesprochen:
*Gegrüßet seist du, Maria, voll der Gnade,
der Herr ist mit dir.
Du bist gebenedeit unter den Frauen,
und gebenedeit ist die Frucht deines Leibes, Jesus.*

Nach Davids Stadt auch Josef zog
mit Maria.
Sie trug das Kind in ihrem Leib,
denn es geschah
aus Geistes Kraft, Gott den Sohn schafft.
Doch war kein Haus, das sie aufnahm.

gesprochen:
Es begab sich aber zu der Zeit,

26

als von Kaiser Augustus das Gebot ausging,
dass jedermann sich schätzen lassen sollte,
ein jeder in seiner Stadt.
Josef machte sich mit Maria,
die schwanger war, auf in die Stadt Davids,
die Bethlehem heißt,
denn er war aus dem Hause und Geschlechte Davids.

Folge dem Stern, dem Glockenklang,
dem Chorgesang.
In dieser Nacht ward Gottes Sohn
zur Welt gebracht.
Christus ist da, halleluja,
sing David's Lied, die Liebe siegt.

Wie die Erzengel den Himmel retteten

Die Erde drehte sich wie seit Tausenden von Jahren um die Sonne. Am Wintersonnenpunkt geriet sie plötzlich ins Stocken. Weil die Sonne so flach am Horizont lag, dass die Strahlen unter den Mondschatten gerieten, hatten sie sich in der Mondumlaufbahn verfangen. Der Mond indes schien wie entflammt, auf der Erde aber war es stockdunkel.

„Du lieber Himmel", entrüstete sich der Erzengel Gabriel, jener Engel, der Maria die Botschaft überbrachte, als Mutter auserkoren zu sein. Sie sollte den Sohn Gottes zur Welt bringen.

„Wenn es so dunkel ist, können die Menschen nicht Weihnachten feiern, meine Botschaft wäre umsonst gewesen, ein „Fakenews", wie man heute zu falschen Nachrichten sagen würde."

Das wollte Gabriel nicht hinnehmen und bat um eine Audienz bei Gottvater. Der war jedoch mit den vielen falschen Heiligen beschäftigt, die sich auf der Erde angesammelt hatten. Sie sollten ihre Heiligenscheine ablegen, weshalb es auch auf der Erde so dunkel war. Denn die Sonne, geblendet durch das falsche Licht, hatte die Orientierung verloren, der Grund für den flachen Stand am Horizont.

Erzengel Gabriel war zutiefst besorgt, dass Gottvater diese Finsternis verursacht hatte. Konnte er die Verirrten nicht auf eine andere Art und Weise zur Einsicht bringen? Doch Gottvater ließ sich nicht von seinem Vorhaben abbringen, auf der Erde das Licht auszuschalten. So konnte er die falschen Heiligenscheine direkt erkennen und vernichten. Denn inzwischen strahlten sie im Widerschein in den Augen der Gläubigen auf.

Erzengel Gabriel wusste sich keinen Rat mehr und berief den Erzengelrat ein. So saßen die vier Erzengel an einem Tisch zusammen und überlegten, was zu tun sei.

Gabriel sagte: „Wir können nicht zulassen, dass die göttliche Seele sich in Vergeltungsmaßnahmen ergibt. Sie wird Schaden nehmen und den Himmel mit Bitternis füllen."

„Ich werde das Schwert für Gottvater führen. Es ist meine Aufgabe, die Menschen zur Räson zu bringen. Ich fliege mit den Gewalten, Fürstentümern und Mächten auf die Erde und befördere die Übeltäter in die Hölle. Ihre Seelen müssen wieder reingewaschen werden", sprach Erzengel Michael.

„Ich werde dich begleiten, um die schuldlos Hineingeratenen zurückzuführen und zu beschützen", sagte Erzengel Raphael.

Uriel versprach: „Ich werde wieder Licht auf die Erde bringen, damit die Sonne den Horizont besser erkennen und ihre Strahlenschwerter aus dem Mondschatten befreien kann."

Gemeinsam wollten Sie die göttliche Seele von ihrem Zorn befreien, um die Erde und die darauf lebenden Menschen zu retten, die sich gegen die falschen Heiligen zur Wehr setzten. Angeführt von Erzengel Michael, flogen die himmlischen Heerscharen hinab zur Erde, um noch rechtzeitig das Gefüge der Sterne und Planeten zu ordnen, damit am vierundzwanzigsten Dezember das Weihnachtsfest gefeiert werden konnte.

Auf der Erde aber herrschte große Angst, denn die Finsternis war in ihren Vorstellungen der Beginn des Endes dieser Welt. Hieß es nicht in den Prophezeiungen, es werde Dunkelheit über die Erde kommen, Feuer fallen und das jüngste Gericht würde über den Köpfen der Menschen schweben und tagen?

Die Präsidenten mit den falschen Heiligenscheinen hatten sich indes zusammengeschlossen und einen Plan geschmiedet, wie sie der Dunkelheit entkommen konnten. Sie wollten gemeinsam ihre Atombomben zünden und so für ein Feuerwerk sorgen. Die Menschen, die ihnen folgten, ihre Freunde und Vertrauten, wollten sie vorher in einem strahlensicheren Bunker unterbringen, bis der Rauch verzogen war. So würden auch gleichzeitig all jene vernichtet, die ihre Herrschaft bekämpfen wollten.

Erzengel Michael flog mit den himmlischen Heerscharen an den Südpol, um die Erde anzuheben, damit die Sonne ihre Strahlen zurückziehen konnte. Sie würde wieder in die richtige Position gelangen, um ihr Licht auf die Erde zu werfen.

Es war höchste Zeit, denn der Countdown des Atombombenabwurfs zählte schon nach unten. Die Menschen versteckten sich in ihren Häusern. Keiner war mehr auf den Weihnachtsmärkten unterwegs. Alles war verwaist. In den lebenden Krippen schrie der Esel wie von Sinnen und die Ochsen stampften im Stroh herum. Das Christkindchen hingegen lag ganz friedlich in den Windeln im Stroh. Es schien unbekümmert zu sein.

„Hebt an!" gab Gabriel den Befehl, die Richtung der Erdkugel zu ändern. Es funktionierte. Plötzlich strahlte im Osten das Sonnenlicht auf, zog wieder eine runde Bahn und funkelte wie der Stern von Bethlehem.

„Seht doch, es ist ein Wunder geschehen", riefen die Menschen und liefen auf die Straßen. „Uns ist ein Stern aufgegangen."

Als die falschen Heiligen dies sahen, dachten sie, die Bomben hätten schon gezündet und verbarrikadierten sich in ihren Schutzbunkern. Erzengel Michael flog mit den Heerscharen zu den Bunkern und rollte vor jeden Eingang so viel Felsgestein, dass es für die Eingeschlossenen unmöglich war, sich wieder daraus zu befreien. Die falschen Heiligenscheine erloschen und mit ihnen ihre Widerscheine.

„Jetzt kann es wieder Weihnachten werden", frohlockten die Menschen und beschlossen, sich neue Regierungen zu wählen, die ihre Beschlüsse nun vor den Menschen rechtfertigen mussten und erst nach deren Zustimmung umgesetzt werden konnten. Raphael hatte alle Hände voll damit zu tun, die Verirrten wieder auf den richtigen Weg zu begleiten und die Wunden derer zu heilen, die durch die falschen Heiligen verführt worden waren.

Gottvater aber freute sich über die Tat seiner Erzengel. Sie hatten mit ihrem Werk den Himmel gerettet. Die Erzengel wussten ja nicht, dass Gottvater lediglich ihre Ergebenheit prüfen wollte, denn er war müde geworden und wollte sich etwas Zeit verschaffen, um ein wenig auszuruhen. Jetzt konnte er sicher sein, dass die Erzengel ihrer Aufgabe gerecht werden würden. Sie würden ihn während seiner Auszeit sicher gut vertreten.

Kommt ihr Engel

Kommt ihr Engel, sollt euch schwingen,
lasst den Jubelchor erklingen,
rührt die Trommel, singt dabei
zu den Tönen der Schalmei.

Orgel, Harfe, Laute, Geigen,
Preis und Ehr dem Kind zu eigen,
Freudenrufe, Herzensklang,
aufsteigt heller Lobgesang.

Singt von Frieden weit und breit,
tretet ein in Gottes Zeit,
huldigt froh dem Kindelein
das dort liegt im Krippelein.

Alle Menschen heut frohlocken,
denn das Kind mit gold'nen Locken
ist geboren in der Nacht,
Christus König, Himmelsmacht.

Moselfränkische Übertragung des Liedes „O du fröhliche" Musik: Volksweise aus Italien, 18. Jhd. Originaltext: Johannes Daniel Falk, Heinrich Holzschuher 1816

O dau bischt so freelich

O dau bischt so freelich, o dau bischt so seelisch,
Gnaad bringscht dau uus, o Weihnachtszeit!
Welt die woa valoa, Chrischt is uus geboa:
freien eich, freien eich ia Chrischtenleit!

O dau bischt so freelich, o dau bischt so seelisch,
Gnaad bringscht dau uus, o Weihnachtszeit!
Chrischtus uus will sòòn, dat mia uus vatròòn.
Freien eich, freien eich ia Chrischtenleit!

O dau bischt so freelich, o dau bischt so seelisch,
Gnaad bringscht dau uus, o Weihnachtszeit!
Engelscha im Himmel, singen froh und bimmeln:
freien eich, freien eich ia Chrischtenleit!

Geschöpfe des Lichts

I
Ihr seid
die schönsten
die reinsten Geschöpfe

ihr seid flüchtiges Licht
hinscheinend
in den Ebenen der Nacht

ihr seid
nichts als Lächeln
über des Lebens Wagnis
des Sterbens Vermächtnis

ein Windhauch nur
Flügelschlag allen Sehens

II
Die in Zartheit versunken
lächelnden Glücks
besternen Verdunkeltes
lichtern Liebe
behauchen den Nachtwind stillen Gestirns

III
Allen Gesichtern in uns
entfallen wohnt ihr
in Allem

gnadet das Helle
in der tiefsten Tiefe

wartet
wacht

IV
Lichtwesen
flügeln um mich
wehenden Zugs

lärmenden Rausches
verborgen

sichtbar
in der Dämm'rung Spiegel

V
Ich spüre ihre Nähe
wenn mein Sein
mich an den Rand drängt
voll sehnenden Suchens
in mich hinein hörend
spricht ins Irdische
das Unsichtbare
und stillt mich

VI

Oh ich erkenne Ihn
im Sanftmut ihrer Augen
im nie endenden Lächeln
in der Schönheit des Reinen

Wie nah sie mir kommen
wenn ich in der Ferne versinke
wie weit sie mir folgen
im Untergang

Welche Klarheit
wenn ihr Öffnen
mich erreicht

VII

All Deine Engel
bemühen sich
um uns

Sie trauern um uns
weinen ums uns
warten auf uns
So wie wir nie
zu warten wagten

Wer ist die Weihnachtsmaus?

Ich weiß nicht, wie oft ich Gregor darum gebeten hatte, sich nicht über die frisch gebackenen Vanillekipferl herzumachen. Er war wie die Weihnachtsmaus, die nachts aus ihren Gängen kriecht, um sich am Gebäck zu vergnügen.

Jedes Mal, wenn ich voller Freude meine Backergebnisse präsentierte, fehlte am nächsten Tag gut ein Drittel. So konnte das nicht weitergehen. Erstens würde Gregor über Gebühr an Gewicht zunehmen und zweitens würde ich nicht rechtzeitig mit dem Backen fertig werden. Diese Naschkatze musste ich irgendwie überlisten.

Schließlich war das Gebäck, das ich in der ersten Adventswoche fertigstellte, für den Weihnachtsbasar des Elisabethenvereins bestimmt. Also beschloss ich, erst am Abend zur Weihnachtsbäckerin zu werden in der Hoffnung, Gregor würde es nicht wagen, nachts aufzustehen, um zu räubern.

„Hallo mein Schatz. Na, was hast du denn heute Feines gebacken?" fragte Gregor, als er zur Tür hereinkam.

„Noch gar nichts. Ich beginne erst damit. Heute backe ich Kokosmakronen", erklärte ich ihm.

„Weshalb so spät. Hattest du noch keine Zeit zum Backen?" rätselte Gregor.

„Ja weißt du, in unserem Haus sind neuerdings so viele Weihnachtsmäuse unterwegs. James Krüss hätte seine wahre Freude daran", erklärte ich etwas vorwurfsvoll.

„Was willst du damit sagen. Ich hab nichts genommen. Nur das eine Stück, das du mir zum Probieren gegeben hast", verteidigte sich Gregor.

„Ja, ja, ich hab nichts genommen. Dann verrate mir mal, weshalb fast ein Drittel aus der Dose verschwunden ist?" wollte ich wissen.

„Aber Schatz, du glaubst doch nicht wirklich, dass ich die alle gefuttert habe?" zog er meine Vermutung in Zweifel.

„Wer soll es denn sonst gewesen sein?" fragte ich nun direkt.

„Was weiß ich? Vielleicht Christian?" suchte er sich herauszureden.

„Du willst doch nicht deinen Sohn für deine Naschereien vorschieben?" regte ich mich auf.

„Wenn ich es nicht war, wer soll es sonst gewesen sein?" suchte er weiter nach einer Erklärung.

„Also wirklich. Dass du so schwindeln musst!" empörte ich mich jetzt doch.

„Mein lieber Schatz, ich versichere dir hoch und heilig, dass ich nichts genommen habe", sprach's und drückte mich ganz zärtlich.

„So, so", brummelte ich ungläubig und begann die Kokosflocken unter den Eischnee zu heben.

Es wurde nach zehn Uhr, bis ich alles ausgebacken und in der Dose verstaut hatte. So, morgen noch das Spritzgebäck und ich könnte die Tütchen füllen. Dann würde ich beim Weihnachtsbasar genügend Gebäcktütchen zum Verkauf haben. Wir wollten etwa fünfhundert Euro erlösen, um die Kindertagesstätte beim Ausbau des Spielplatzes zu unterstützen.

Gregor musste noch zur Vorstandssitzung des Fußballvereins und kam erst gegen elf Uhr abends zurück. Ich lag schon im Bett. Plötzlich schepperte es in der Küche und ich schreckte aus dem Schlaf auf. Ich tastete nach Gregor, aber er war nicht da. Aha, dachte ich, erwischt! Ich stand auf und ging in die Küche.

„Hab ich dich endlich erwischt, du Mäusetäter!" schimpfte ich.

Gregor stand verdutzt vor mir. Die Dose lag auf dem Fußboden und war halb leer.

„Willst du immer noch leugnen, dass du das alles aufgegessen hast?" forschte ich nach.

„Also Schätzchen, ich schwöre dir, dass ich das nicht war. Ich bin über die Dose gestolpert. Die lag geöffnet auf dem Fußboden", versicherte er wie ein Angeklagter in einem Kreuzverhör.

„Gregor, der Weihnachtsdieb. Ab heute nenn ich dich nur noch Weihnachtsdieb. Weißt du, dass mir nur noch zwei Tage bis zum Weihnachtsbasar bleiben. Da kannst du mir doch nicht alles einfach wegfuttern. Ich backe doch nächste Woche extra nur für uns", empörte ich mich.

„Aber mein Schatz, ich hab wirklich nichts davon genommen. Ich bin doch gerade erst von der Vorstandsitzung zurückgekommen", versuchte er mich zu beruhigen.

„Im Ernst, das soll ich dir auch noch glauben, du Weihnachtsdieb? Ich hab dich doch in Flagranti erwischt", sprudelte es aus mir heraus.

„Aber ich sage dir, dass ich gegen die Dose getreten bin, weil sie auf dem Fußboden lag", verteidigte er sich nun ebenso empört.

„Weihnachtsdieb, Weihnachtsdieb, Lügen fallen durch das Sieb", reimte ich verärgert.

„Wenn du mir nicht glaubst, kann ich dir auch nicht helfen", entgegnete er gekränkt.

So endete dieser Abend mit Unstimmigkeiten. Wir lagen in dieser Nacht nicht Arm in Arm beieinander sondern Rücken an Rücken.

Am nächsten Tag backte ich nochmals Kokosmakronen und Vanillekipferl. Das Spritzgebäck hatte ich auf Freitag verschoben. Gregor sah sich einen Krimi an und wir gingen gegen zehn Uhr ins Bett. Kaum war ich eingeschlafen, schepperte es schon wieder.

„Gregor!" rief ich erbost.

„Was hast du denn, kannst du nicht schlafen?" fragte er und griff nach meiner Hand.

„Gregor, wer ist denn in der Küche, wenn du im Bett bist?" fragte ich verunsichert.

„Wer soll denn in der Küche sein? Schlaf doch weiter", murmelte er.

„Aber Gregor", flüsterte ich, „da ist jemand in der Küche, es hat gescheppert."

„Gescheppert?" fragte er.

„Ja, wie gestern Abend. Da ist jemand in der Küche", flüsterte ich.

Gregor stand leise auf und öffnete die Schlafzimmertür. Tatsächlich, da machte sich jemand an der Dose zu schaffen. Ganz vorsichtig öffnete er die Küchentür und schaltete das Licht an. Plötzlich fing er laut zu lachen an. Ich stürzte in die Küche und sah, wie ein Waschbär sich mit meinem Gebäck versorgte.

„Siehst du, da haben wir den Weihnachtsdieb", lachte Gregor, „das kommt davon, wenn man nachts die Fenster auflässt."

„Weihnachtsdieb, Weihnachtsdieb, Waschbären sind zuckerlieb", entfuhr es mir unversehens.

Moselfränkische Übertragung des Liedes „Es ist für uns eine Zeit angekommen" Musik: Schweizer Sterndreherlied 19. Jhd. Originaltext: Paul Hermann 1939

It is foa us än Zeit lòhea kumm

It is foa uus än Zeit lòhea kumm,
die macht us ään riesisch Frääd.
Iwa Felder volla Schnee
scheesen mia, scheesen mia
durch die weiß Welt volla Schnee.

Unam Eis schlóóft da Bach un da See.
In än dejfen Tròòm is da Wald gefall.
Fällt da Schnee leis aus da Hee
scheesen mia, scheesen mia
durch die weiß Welt volla Schnee.

Hoch òm Himmel dò
glitzat em Stillen än Stern,
usa Herz is froh dabei,
unam Sternenschein im Schnee
scheesen mia, scheesen mia
durch die weiß Welt volla Schnee.

Wenn in allen Nächten

Wenn in allen Nächten nur Herrlichkeit wär,
gäb es keine Sorgen und Nöte mehr,
keine Finsternis und Dunkelheit.
Wenn in allen Nächten nur Seligkeit wär,
gäb es keine Trauer und Tränen mehr,
keinen Abschied und Bitterkeit.

Käm der Tag mit dem Licht,
voller Wärme und Glanz,
brächte allen das Glück unentwegt,
und die Strahlen der Sonne
sich drehten zum Tanz,
von der Freude der Menschen bewegt.

Doch wär keine Liebe, aus der dies entstand,
verwehte der Wind alle Spuren.
Und wäre kein Samen in reifender Frucht,
ständen still alle Ewigkeits-Uhren.

Wenn in allen Nächten die Liebe wär,
ruhten Herzen im Lichtschein sich aus,
sie sähen den Mond durch die Finsternis wandern,
wie ein Planet erstrahlt nach dem andern
und aufblüht der Sternenstrauß.

Weihnachtsfreude

Wenn an kalten Wintertagen
leis der Nebel niederfällt,
hört man stumm die Herzen schlagen
in der Stille ruht die Welt.

Kerzen werden angezündet,
leuchten auf zu Jesu Christ,
dass er unsre Seelen findet,
er unser Erlöser ist.

Hell erstrahlen Kerzenlichter,
schmücken Weihnachtsbaum und Haus,
Freude spiegeln die Gesichter,
denken an den Weihnachtsschmaus.

Moselfränkische Übertragung des Liedes „Still, still, still" Volksweise aus Österreich, Salzburger Land, 19. Jhd. Originaltext: Georg Götsch

Still, still, still

Still, still, still,
weil't Kindchin schlòòfen will!
Maria't in de Schlòòf will singen.
Met vill Lejf ia Bruscht òònbringen.
Still, still, still,
weil't Kindchin schlòòfen will!

Schlòòf, schlòòf, schlòòf,
mein klän lejf Kindchin schlòòf!
De Engeln duun scheen Mussick machen,
stehn òm Krippchin un duun lachen.
Schlòòf, schlòòf, schlòòf,
mein klän lejf Kindchin schlòòf!

Groß, groß, groß,
de Lejf is iwagroß!
Gott vom Himmelsthron is heakumm,
unaweeschs gònz scheen dò rum kumm.
Groß, groß, groß,
de Lejf is iwagroß!

Verborgene Winterwelt am Köllerbach

Reif liegt über der Köllertalaue wie Puderzucker. Leeres Gezweig schimmert im Morgenlicht wie Schneebeerenranken. Ich nehme den Rückweg von der Ablieferung meines Autos zur Inspektion über den Pfad am Köllerbach. Er führt hinter der Gewerbeansiedlung am Ortsausgang Etzenhofen zurück ins Dorf.

Es ist kalt geworden, doch die ungarischen Steppenrinder kauern inmitten der weiß überhauchten Graslandschaft friedlich im Kreis am Köllerbach. Sie nicken mir sichtlich zufrieden zu und schnaufen kräftig. Aus ihren Nüstern steigen Dampf-Geysire in die Luft. Ihre weißen Körper lagern wie Eisberge im Wiesenfrost.

Im Unterstand dunstet Wärme aus dem Dung gegen das Dach. Die zurück gebliebenen Kleinvögel hüpfen auf den Hinterlassenschaften der tierischen Landschaftspfleger, als tanzten sie einen Winterreigen.

Der Köllerbach fließt träge, bis er über eine Steininsel im Bachbett springt, die sich während des Sommers angesammelt hat. Kleine Stromschnellen rauschen. Gehölz ragt von beiden Seiten über das Fließgewässer zu einer fast geschlossenen, für Menschen undurchdringbaren Gestrüpp-Allee.

Der Rad- und Wanderweg, umsäumt von Büschen und Bäumen, birgt entlang des Bachlaufs geheimnisvolle Tierlaute. Ich finde mich in einer verborgenen Welt wieder, umfangen von wilden, magischen Naturausdrücken. Es krabbelt, raschelt, huscht, knarzt und ächzt.

Wildenten ziehen eine Bahn. Die Wasservögel schwimmen wie kleine Trauerschwänchen aufgeteilt in zwei Gruppen um die Hindernisse aus Geröll, im Schlepptau strudelnde Wasserperllinien.

Ist es ein Eisvogel, der sich in den Köllerbach stürzt oder wirft jemand einen Stein ins Wasser? Es titscht. Hinter den Dornenhecken reißt jemand am Reisig der Sträucher. Ein Fuchs, ein Dachs, ein Marder oder etwa ein Biber? Ein scharfer Flügelschlag, ein Wasservogel fliegt auf, andere folgen. In der mystischen Stille hallt das Echo der Vogelschreie schaurig, verkehlt und aufgeregt. Auf dem harten Boden krachen selbst meine vorsichtigen Schritte geräuschvoll in die Stille.

Ich verlasse das Köllerpfädchen und gehe hinauf auf die Verkehrsstraße des Wohnviertels. Die winterliche Morgenwanderung führt mich an einem Blumengeschäft vorbei. Weihnachtssterngestecke in weiß und rot präsentieren die floralen Kunstfertigkeiten der Naturwerkstatt. Über dem Eingang blinkt eine gelbe Lichterkette, in bunt verglasten Windlichtgefäßen flackern Kerzen. Eine vertraute Atmosphäre breitet sich aus. Es ist Advent.

Während ich die Anhöhe am Kelterhaus besteige, kreisen Raben über der Straßenbeleuchtung und kreischen. Sie folgen mir über die Hauptverkehrsstraße auf die andere Seite und weiter über den Treppenaufgang hinauf zum Parkplatz der Tierklinik. Dort lassen sie sich auf den leuchtenden Laternen nieder. Die Tierklinik öffnet gerade die Pforten. Vor dem Eingang warten bereits mehrere Tierliebhaber mit ihren kranken Schützlingen.

Ich muss mich nur noch den steilen Stich bis zu unserem Haus hinauf mühen. Dann ist es geschafft und ich kann mich wieder aufwärmen. Vielleicht sollte ich angesichts der Kälte die Inspektion beim nächsten Mal im Herbst angehen oder den Fußweg zurück über die Hauptverkehrsstraße nehmen. Doch ich verwerfe den Gedanken wieder, denn die geheimnisvolle Winterwelt am Köllerbach und die kleine Kolonie der Steppenrinder gehen mir nicht mehr aus dem Kopf.

Schneefall

Im Windhauch tanzt Schnee,
entlädt seine weiße Last
langsam auf Feldern und Wäldern.
Ein bleicher Blick schweift in die Täler,
versinkt im Endlosen der weiten Ferne.

Spröder klirren die Dächer im Reif,
das Herz meiner Sehnsucht
beginnt zu wandern.
Vom Gipfel über dem Kirchturm
läutet die Kapelle des Himmels.
Hosanna in der Höhe
tönt es aus den Wolken.

Das Kreuz der Berge streckt seine Arme aus,
im untergehenden Licht
stirbt es lautlos im Schneegefilde.
Flocken schleppen das Abendrot hinterher,
sie senken sich behutsam
auf die Schleier der Dämmerung.

Dem Leben entrückt
scheint die Stille der Straßen und Häuser,
ein einsames Bellen am Wegrand
und im Widerhall der Gemäuer
klingen Flötentöne und Kindergesang.
Ich schließe das Fenster,
stelle eine brennende Kerze
in den Fensterrahmen
und beginne zu träumen.

Vogelrettung

Oh kommt der Winter angeschossen,
nachts im klaren Sternenschein,
geht der Frost auf Eises Sprossen,
hüllt das Land mit Kälte ein.

Ein Vöglein, das nicht fliegen wollte,
schlittert im Köllerbach auf blanken Sohlen,
die Krallen kratzten, das Vöglein grollte,
lauthals fing es an zu johlen.

Die Ente hüpfte aufs glatte Eis,
schlurfte zum Vöglein hinüber,
hilflos saß es auf seinem Steiß,
doch wähnte die Ente sich klüger.

Sie bauschte die Federn auf wie ein Segel,
schwang sie und wirbelte Fahrtenwind,
halb flog, halb schob sie sich an wie ein Kegel
und packte das geschwind Vogelkind.

Vereint zogen beide ans nahe Land,
das Vöglein sprang auf, fiel ins Gras,
die Ente schnatterte unverwandt.
Das war Rettung nach Entenmaß.

Als das Vöglein die Sprache wiedergefunden,
trällerte es dankend ein Lied.
Ob die beiden sich weiterhin verbunden
weiß keiner, weil es niemand verriet.

Deutscher Text zur Melodie „Let it snow!" Musik: Jule Styne 1945 Originaltext Sammy Cahn

Schneelied

Oh das Wetter da drauß ist leidvoll
Doch das Feuer loht auf und wärmt toll.
Wer mag da schon draußen sein?
Wie das schneit! Wie das schneit! Wie das schneit!

Und hört es nicht auf zu schneien,
dann bleiben wir drin zu zweien.
Das Licht muss nicht heller sein.
Wie das schneit! Wie das schneit! Wie das schneit!

Küssen wir uns nachts vor dem Haus
in dem Schneesturm und dem Gebraus,
legst du zärtlich um mich den Arm,
hab beim Heimgeh'n ich trotzdem ganz warm.

Das Feuer hört auf zu knistern.
Wir sagen wieder gut Nacht und flüstern.
So lange wir sind zu zwein,
kann es schnei'n, kann es schnei'n, kann es schnei'n.

Die Christrosen blühen weiter,
im Schnee sind sie froh und heiter.
Es strahlt alles weiß und rein.
Wie das schneit! Wie das schneit! Wie das schneit!

Klingen Glocken und jeder singt,
selbst ein Reh vor dem Haus mitspringt.
Stellen wir Kerzen in den Raum,
schmücken festlich den Tannenbaum.

Die Kinder staunen und lachen,
sie denken an Spielzeugsachen.
Drum lass es nur kälter sein.
Wie das schneit! Wie das schneit! Wie das schneit!

Köllerbach-Etzenhofen

Es klopft in ausgekühlter Aue,
die Saarbahn rattert, Strom gezogen.
Ein Steppenrind, noch steif verbogen,
im Wiesenfeld aufstapft die Klaue.
Es späht verstohlen hin zur Mutter,
    sie möcht das Kälblein doch ernähren,
    und ihm das allerliebste Futter
    durch Saugen liebevoll gewähren.

Es dampft in ausgekühlter Aue,
im Unterstand türmt sich das Heu.
Wildenten schwimmen, paddeln scheu,
strampeln sich müd am Aufgestaue
im Bachlauf. Ein Steingehäufe,
    vom Herbst stetig aufgebaut,
    reißt Löcher in die Wasserhaut
    und teilt den Bach in zwei Verläufe.

Es steigt bei ausgekühlter Aue
aus Büschen ein unbekanntes Wimmern.
Aus undurchsicht'gem Nebelflimmern
huscht aus dem Unterholzgebaue
ein Tier, scharrt Steine in das Wasser.
    Der Köllerbach zerspringt, fällt ab.
    Die Ente stockt, sie sieht hinab
    und flügelt auf, der Sog wird krasser.

Es hall'n vom harten Boden Schritte,
die einsam durch den Morgen wandern.
Strömungen wechseln und mäandern,
umgeh'n die Stein versperrte Mitte.
Und Raben kreisen über Köpfen,
    kreischen am Kelterhaus und zetern,
    das Zwielicht spielt mit Lichterzöpfen.
    Die Feldmäuse werden zu Tätern.

Missverständnis am Fulseck

Es noch einmal versuchen, Wiederanfang und unwiderruflich das dritte und letzte Mal, dieses Begehren, die Schneepiste zu erobern, den Skibrettern die Stirn zu zeigen, die Freifahrt ins Tal zu gewinnen. Die Skilehrerin hat Geduld mit mir und meiner Angst. Meine Füße sind bereits erstarrt. Talbein, Bergbein und Innenski, plausible Erklärungen für Fahrtechnik, Kurven und Bremsmanöver. Alles funktioniert, es ist ja so einfach und das Gefühl, dazu zu gehören, wäre wundervoll. – Wäre da nicht der Gedanke an das Mögliche!

Der Sturz ist nicht besonders hart. Hilfestellung beim Aufsteigen. Weiter geht's. Linkskurve, Rechtskurve und nach drei Stunden üben die Probe: Einbremsen ins Markierte. Die auf dem Schnee liegenden roten Stangen warnen mich: Hier musst du mit dem Fersenfuß mächtig aggressiv in die Innenkante steigen und dann nach außen ziehen. Mir kommt der erste Zweifel. Und so zuckle ich dank meiner Vorsicht drei Meter in Fahrt und Pflug und Innenski nach außen schieben. Ich stehe! Alles geht gut.

Dann die Kurvenprobe. Stangen gesteckt und Richtung begrenzt. Darüber fahren bedeutet hinzufallen. Der zweite Zweifel. Der Winkel ist so klein. Derart enge Kurven und ich soll das schon können? - Der zweite Sturz. Über's Gestänge. Meine Handgelenke schmerzen, die Knochen melden sich. Doch es geht wieder. Hilfestellung beim Aufsteigen.

Mir zittern die Knie und meine innere Stimme sagt: Hör doch auf! Hör doch endlich auf! Das kannst du nicht! Tröstende Worte der Skilehrerin: „Üben, immer wieder üben. Das geht schon. Aber du musst tun, was ich dir sage. Aktiv fahren."

Oh ja, ich bin aktiv, sehr aktiv. Mein Zustand ist eine Mischung aus Wagemut, Angst und Trauer. Noch verstehe ich jedes einzelne Wort, jede Anweisung, jede Erklärung für mein Versagen. Doch es hilft nicht. Nein, eine Psychologin ist sie nicht. Die Angst bleibt, diese irrationale Blockade.

Ich versuch's trotz alledem noch einmal. Meine Technik soll gut sein, sagt sie. Sie muss es schließlich wissen! Man schaut mir zu. Auch das noch!

Ich ärgere mich über meine Unbeholfenheit, nichts in mir sagt: Zeig's denen oder jetzt erst recht! Dieser Siegeswille ist nicht vorhanden. Meine Erklärungen lauten: Wenn du aufhörst, ist der Stress weg. Aber ich soll ja anders denken: Es geht schon, keine Halbherzigkeiten, du kannst das. Ich bin absolut einsam und zugeschneit da oben. Der drei Meter hohe Aufstieg steigert meine Pulsfrequenz und das Kniezittern. Ich kann nicht, ich kann nicht! Aber ich muss jetzt runterfahren!

Vom Talbein auf's Bergbein und Gewicht verlagern, damit ich die Kurve krieg'. Ich höre ihre wohlgemeinten Worte. Ich habe Angst. Meine innere Stimme sagt: Ich kann nicht, ich kann nicht! Und sie sagt: „Rechter Ski in Fahrtrichtung und links umsteigen."

Doch ich sehe vor mir die roten Stangen auf dem Boden liegen und drei Meter weiter die Rückfront der Brandalm. Mir ist klar, wenn ich jetzt nicht mehr bremsen kann, rase ich in die Almwand. Es ist plötzlich alles unverständlich laut, ich verstehe nichts mehr, ein schwarzes Loch. Jetzt ist es zu spät, keine Linkskurve mehr möglich, nur noch bremsen, bremsen.

Der letzte Sturz und mein rechtes Wadenbein schmerzt, meine Zehen krampfen, meine Arme sind verdreht. Wieder die Erklärung, dass nichts passieren kann, eben nur hinzufallen. Das ist nicht weiter schlimm, ungefährlich, es kann doch nichts passieren!

Doch ich weiß, es hat mir jetzt endgültig gereicht. Ich will durch keine schwarzen Löcher mehr fahren, mir nicht mehr beweisen müssen, dass ich das auch lernen kann. Ich muss nicht alles können! Mein Selbstbewusstsein kann doch nicht vom Skifahren abhängen! Ich will nicht mehr, weil ich nicht mehr kann und ich kann nicht mehr, weil ich nicht mehr will. Nur meine Skilehrerin kann das nicht verstehen.

Winterspuk

Die Sonne setzt müde zum Sinkflug an,
der Abend dämmert, es beginnt zu schneien,
Katzen jammern, ein lautes Schreien,
im Garten hüpft wie wild ein Butzemann.

Er hämmert fest gegen die Fensterscheiben
und springt und singt in schaurig lautem Ton,
ruft wie von Sinnen: „Bringt mir euren Sohn,
sonst werde ich mir sein Herz einverleiben."

Der Vater bittet: „Nimm meins an seiner Stelle."
Die Mutter weint, das Kind fest in den Armen,
sie fleht: „Oh Gott, so habe doch Erbarmen,
was ich auch hab, ich leg's vor unsre Schwelle."

Der Kobold lacht und ist nicht abzuweisen,
holpert und poltert, feixt hämisch dabei:
„Bringt mir den Sohn, dann seid ihr wieder frei."
Und Feuer beginnt das Haus einzukreisen.

Die Mutter packt, was sie findet, zusammen,
öffnet die Tür und legt das Opfer ab:
„Nimm mich dazu, ich werfe mich ins Grab",
und läuft in das Meer der lodernden Flammen.

Das Kind läuft erschüttert seiner Mutter hinterher,
der Vater folgt, ergreift den Sohn geschwind,
als plötzlich tobt ein eisig rauer Wind
und löscht das Feuer und das Flammenmeer.

Die Mutter stand im Nebel unbeschadet wieder.
Es schneite Tränen auf den bösen Puk,
den eine Bö enthob, vorbei der Winterspuk.

Ein Sternenregen fiel auf sie hernieder.

Fortan stellten sie nachts von all jenen Dingen,
die übrig waren, vor ihre Gartenpforte.
Die guten Geister tragen sie an Orte,
wo armen Herzen sie Freude bringen.

Vor den Feiertagen

Es weht der Wind mit kalten Flocken
die weiße Kälte über alle Straßen,
auf den fortwährend Autos rasen.
die Glätte bringt sie alle zum Stocken.

Es steigt noch vor den Feiertagen
aus Schmuck, Girlanden, Lichterglanz,
ums Haus herum der Eitelkeiten Tanz,
vom Staunen bis hin zum Unbehagen.

Ein Kind ist zu uns hergekommen
und hat einen weiten Weg genommen.
Um vor den Häschern zu entfliehen,
musste es in die Fremde ziehen.

Das Jahr peitscht Tage aus den Zeiten,
die Hoffnung, Wagemut begleiten.
Neues Leben soll dem Kinde winken.
Wer sitzet zur Rechten, wer zur Linken?

Dass uns das Licht den Weg beschere,
der Mensch zum Menschen sich bekehre,
rufen die Glocken von Kirchtürmen laut,
selig der Mensch, der Gott vertraut.

Zu viel oder zu wenig?

Advent – es ist soweit! Wieder das Glitzern und Funkeln der Straßenbeleuchtung, die übergroßen Tannenbäume auf den Märkten, das Aroma von Zimt und Mandeln und Glühweinduft.

„Was machen die Kinder?" fragte eine Frau mittleren Alters eine jüngere.

„Sie sind in der Wichtelwerkstatt. Bin gespannt, was sie alles gebastelt haben, wenn ich sie abhole."

Ja, ja, ist schon länger her, dass ich mit Christian über den Weihnachtsmarkt gelaufen bin. Wenn man sieht, was Kindern heute geboten wird, möchte man noch einmal Kind sein. Die Zeiten haben sich halt geändert. Was damals als ordentlich galt, wird heute als arm angesehen.

Was ist Armut, fragte ich mich. Karussellfahrten nicht bezahlen zu können, Zuckerwatte nicht und den kreativen Weihnachtsbastelkurs auch nicht? Armut, kam mir in den Sinn, war zu meiner Zeit unpassende Kleidung, ein fehlender Mantel, Schuhe, Mütze oder Schal. Das waren die Dinge, die sich Kinder früher einmal wünschten wie beispielsweise einfach nur eine Tafel Schokolade. Alles das.

Ich erinnerte mich an jene Weihnachten, als ich mir warme Hausschuhe wünschte. Und tatsächlich hatten mich Mutter und meine Patin mit in ein Schuhgeschäft genommen. Ich fand dort rote, knöchelhohe Textilstiefelettchen mit umschlagbarem Kragen und Warmfutter. Ich durfte sie anprobieren. Sofort war ich in die Schühchen verliebt und wollte sie nicht mehr ausziehen. Aber daraus wurde nichts. Denn ich musste sie zurückgeben, wieder hergeben! Und war todtraurig, dass mir das Christkind sie wohl nicht bringen würde. Wie ungerecht ich das damals empfand. Andere Kinder konnten ihre Schuhe anprobieren und behalten. Mir war das nicht vergönnt. Wahrscheinlich würde ich wieder die Schuhe meiner älteren Schwester auftragen müssen.

Tatsächlich aber brachte das Christkind mir genau diese Haustiefelchen, die mir so gut gefallen hatten. Die Freude darüber wollte sich aber nicht mehr so richtig einstellen. Zu groß war die Enttäuschung gewesen, als ich sie wieder hergeben musste, wo ich mir doch nur diese Hausschuhe gewünscht hatte.

Diese Entbehrung ist mir bis heute in Erinnerung geblieben. Ein unerfüllter Herzenswunsch oder besser gesagt, ein aufgeschobener, der in mir das Gefühl von Benachteiligung hervorrief, das Gefühl, nicht so viel wert zu sein wie andere Kinder. Nur einmal wollte ich das bekommen, was ich mir wünschte, etwas Neues, Ungetragenes, das nur mir gehörte.

War es der Zwang zur Entbehrung oder das Erlebnis, dass andere Kinder im gleichen Augenblick beschenkt wurden, dass ich so enttäuscht war? Der aufgezwungene Verzicht bei gegenwärtigem Erleben von Wohlstand prägte mich nachhaltig.

Wie musste es heute wohl Kindern gehen, die diesen Überfluss wahrnehmen und selbst zur Tafel gehen müssen, damit man sich von dem so Ersparten andere Dinge leisten konnte. Wie musste es den Obdachlosen gehen, die einmal im Jahr wie Gäste behandelt wurden und ein opulentes Mahl von anderen serviert bekamen? War dies die ganze Menschenwürde? Am darauf folgenden Tag würde sie womöglich niemand mehr von den Personen, die sie bedient hatten, kennen wollen.

Ich dachte, dass mich dies alles weniger berühren würde. Lebten wir nicht in einer Leistungsgesellschaft, in der jeder, der sich etwas erarbeitet hatte, stolz darauf sein konnte und sich hin und wieder auch ein wenig Luxus gönnen durfte? So viele Gedanken um Armut in einem Land, das doch so reich sein sollte. Ich kam nicht davon los.

An jeder Ecke saßen die saisonalen „Bettelarbeiter", die jedes Jahr an Brückenabgängen und Straßen lagerten und einen ganz besonders bedauernswert ansahen, die Hand oder den Hut aufhielten, Bettlerketten, Banden, welche die christliche Nächstenliebe an der Nase herumführten. Wie viel Leid verbarg sich hinter diesen Gesichtern? Wem konnte man, wem sollte man und wem musste man helfen?

Die ewige Frage nach der sozialen Gerechtigkeit, dem Ausgleich des Zuviel an das Zuwenig in einem Land, das von Gesetzen, auch rund um die Armut, überzogen war wie ein Flickenteppich. Wurden etwa die Gotteshäuser über Nacht für die wirklich Obdachlosen geöffnet, um ihnen für eine Nacht ein Dach über dem Kopf zu gewähren? Immerhin gab es einmal im Jahr den Tag der offenen Kirchen. Was war mit der Nichtsesshaftenhilfe? Jeder hatte einen Anspruch auf Unterkunft und Verpflegung. Weshalb wollten diese Menschen keinen Gebrauch davon machen? Waren die Sesshaften selbst Schuld daran oder war es ein besonderes Lebensgefühl, davon keinen Gebrauch machen zu wollen? War es Scham, Stolz oder Überforderung? Was würde ich tun?

Bei diesem Gedanken spürte ich so etwas wie Unbehagen, Beklommenheit, ja sogar Angst, in einer hochzivilisierten Welt auf der Parkbank schlafen zu müssen.

Warum die gewerbsmäßig Bettelnden in mir dieses ungute Gefühl hervorriefen, konnte ich mir nicht erklären. Wo sie doch das ganze Jahr über damit die Kassen füllten! War der symbolische Akt des Helfenwollens ein inneres Bedürfnis oder gar ein Zwang? Kulturbedingt war er sicherlich.

Denn nicht überall kamen Menschen diese Gedanken den in den Sinn. Manche waren darüber so sehr verärgert, dass das Betteln in den Innenstädten verboten wurde oder verboten werden sollte. Auch in Saarbrücken stand dies schon zur Debatte. Das aktive Anbetteln war zwar nicht mehr erlaubt. Aber genügten nicht schon die flehenden Blicke und das Hinhalten des Hutes, um Schuldgefühle hervorzurufen?

Versunken in die innere Debatte um Armut, Ursachen und Wirkung nahm ich die angenehmen Seiten des Christkindlmarktes gar nicht mehr wahr. Ich wollte mich doch eigentlich mit Gregor treffen!

Wie jedes Jahr gelüstete es mich nach dem saarländischen Nationalgericht, dem Dippelappes. Ich steuerte den Brunnen auf dem Sankt Johanner Markt an. Die kleine Bühne war wie im letzten Jahr vor dem Brunnen aufgebaut worden. Eine Blaskapelle spielte Tochter Zion. Da sah ich Gregor winken. Wir schlenderten gemeinsam zum Stand der Hobbyköche. Ich bestellte eine Portion mit Apfelmus. Gregor verschwand kurz an der Rostwurstbude.

„Schmeckt es?" fragte er, während er in die Bratwurst biss.

Ich muss zugeben, dass es nicht wirklich ein Genuss war. Ich bezweifelte, dass dieser Dippelappes tatsächlich frisch zubereitet worden war. Wahrscheinlicher war, dass sie eine vorgefertigte Teigmasse verwendeten. Meine Christkindlmarkt-Speisetradition geriet arg ins Wanken.

Eine Tasse Glühwein sollte es noch sein, allein schon der Tassen wegen. Meine Sammelleidenschaft für Glühweintassen füllte mittlerweile den halben Küchenschrank. In diesem Jahr gefielen mir die Stiefelchen mit dem dunkelgrünen Hintergrund besser als die Becher. Wir stellten uns an einen Stand, an dem weniger los war. Er gehörte allerdings ebenfalls zu dem marktführenden Standbetreiber.

Der Glühwein wärmte gut und Gregor meinte, dass zwei Stiefelchen als Mitbringsel wohl genügten. Dann entdeckte ich Tassen, die wie Schneemänner aussahen. Die musste ich unbedingt haben! Gregor schüttelte den Kopf. Recht hatte er ja und wenn ich an meine innere Armutskonferenz dachte, war es eigentlich purer Luxus, so viele Tassen zu sammeln. Dennoch kaufte ich zusätzlich zwei Schneemanntassen, allein der Freude wegen und das auch noch ohne schlechtes Gewissen.

Vielleicht gehört es auch zum Advent einzusehen, dass nicht alles, was rational vernünftig erscheint, getan werden musste, sondern dass es bedeutender war, dem eigenen Lebensgefühl, dem inneren Impuls zu folgen, auch wenn es dafür keine begründbare Notwendigkeit oder offensichtliche Sinnhaftigkeit gab oder mitunter auch unabsehbare

Folgen haben könnte. Freude war schließlich keine Frage von Schuld, solange sie nicht auf Kosten anderer ging.

Die Erwartung von Weihnachten schloss alle Weihnachtstraditionen mit ein. Weshalb wir uns ja auch auf dem Christkindlmarkt getroffen hatten. Was wir noch kauften? Zwei große Tüten mit gebrannten Mandeln, jede Sorte anders geröstet. Auch eine Tradition. Eine von Gregor.

Weihnachtsmarkt

Das Graacher Tor scheint niemand aufzuhalten
an steilen Gassen schleift der Schritt der Zeit
sie wächst hinauf und macht die Häuser weit
und spitz Versunknes reift in all den alten

Gewölben was im Schweigen sich erhalten
sich nun in schmalen Gängen unverbleit
ertürmt und aufbricht Gegenwart verleiht
und hingeht auflöst sich im Taggestalten

Ein Inn'res das nicht erblindet sehend
den Grat des Widerscheins aus Mittelalter
am Weihnachtsmarkt Gelebtes schreibt der Psalter

und Altes über Alter am Brunnen stehend
ein Karussell das sich doch nie vollendet
und scheinbar mühelos ein Neues spendet

Schottischer Advent

Parade der Weihnachtsmänner
im Princess Street Garden
auf der Bühne am Fuß des Vulkangesteins
hoch droben thront Edinburghs Burg
Dudelsackspieler tragen Schottenröcke
auf Vätern reiten Kinder

in der Talsohle unterhalb des Weihnachtsmarktes
laufen Menschen auf dem präparierten Eisfeld
zur Weihnachtsmusik auf Kufen
Scheinwerfer spiegeln sich auf der Tanzfläche
Pirouetten verdoppeln sich

Buden locken mit Glühwein und Whisky
Seefisch und deutscher Bratwurst
wer friert sucht nach Mützen und Handschuhen
ein Händler verwandelt trockenes Pulver
mit Wasser in künstlichen Schnee

die Pferdchen des Karussells drehen sich
Kinder winken Eltern aus Kutschen zu
die Gondeln des Riesenrads
steigen langsam auf und ab
am oberen Punkt blicken die Fahrgäste
den Besuchern des Scott Monuments
direkt in die Augen

nahe dem Dichtersitz umwickelt ein Lichtschlauch
den Handlauf einer Rutschbahn
die sich um einen Kegelstumpf windet
auf dem Dach der Weihnachts-Bummelbahn
ziehen weiße Rentiere weiße Schlitten
am Riesenrad hält sie an
fährt einen halbrunden Wendekreis für die Rückfahrt
an den Anfang des Weihnachtsrummels

Im Apex Hotel, Waterloo Place

Orkanböen peitschen durch die Princess Street
in der Mülleimer verschoben klappern und rappeln
Schirme werden herumgedreht
Besucher flüchten sich in die Gasthäuser

es ist leer in den Straßen Edinburghs
vereinzelt fahren Autos auf Parkhäuser zu
um das Abklingen des Sturms abzuwarten

im Apex Hotel sammeln sich in der Hotelhalle
die immer wieder getrocknet wird neue Gäste
sie warten an der Rezeption auf ihre Anmeldung
die sich hinzieht durch den Ausfall der Computer
Schlüsselkarten werden neu programmiert

nach der Wartezeit erholen sich
die im Sturm Angekommenen
an der Bar mit Bier oder Champagner
erzählen und lachen

wenn die Außentüren geöffnet werden
klirren am Tannenbaum die Glocken
aus Lautsprechern strömen Weihnachtslieder
Freitagabend vor dem dritten Advent

Winter im Stavanger Hafen

Eiswind des Nordmeers schlägt Böen
ins Hafengesicht der Fähre
die zur nächsten Überfahrt am Kai lagert

der Wellenschlag wiegt
ein gelöschtes Frachtschiff
skandiert von Möwen im Aufwind
die über dem Futterplatz kreisen

am Fuße der Meeresbrücke
von der am höchsten Punkt der Stahlseile
ein Tannenbaum strahlt
werfen die weißen Schmuckhäuser der Altstadt
weiße Lichter auf die Wasserfläche
die den Glanz leuchtend widerspiegelt

die Masten der Segelschiffe erwidern
blinkend das Licht
abgetakelt rucken sie an den Seilen
als wollten sie sich
vor der frohen Botschaft verneigen

Weihnachtszeit in Stavanger

Den Pflastersteinen der Gassen
folgen Passanten in die Fußgängerzone
deren Straßenseiten Lichtgirlanden
mit Weihnachtskugeln verbinden
vor bunten Fassaden
flackern in den Laternen
der Altbauten große rote Kerzen

unter den Heizstrahlern
der Kaffeehausmarkisen
werden Sitzbänke mit Lammfellen,
lila Kissen und roten Decken ausgepolstert

hinter den Fenstern genießen Gäste
zu amerikanischen Weihnachtsliedern
darin Rentiere durch den Schnee stapfen
heiße Schokolade

über allem ragt die Kirchturmspitze
steile Gassen führen zu ihr hinauf
wie ein Sternenlauf
Pilgerwege für Besucher und Tauben

Wind flüstert merry christmas
verströmt in den Straßen
den Harzgeruch der Tannengebinde
eine Mutter wiegt ihr Kind im Arm

Die Krippe von St. Blasius

Es war der erste Adventsonntag, alles strömte in die Kirche von Sankt Blasius. Der Pfarrgemeinderat hatte beschlossen, die Krippe in diesem Jahr zu vergrößern. Hierzu wurden noch Freiwillige gesucht, die sich am Aufbau und an der Ausgestaltung beteiligen wollten; das stand im Pfarrboten schon im Juli.

Das war der Anlass, weshalb wir es vor lauter Vorfreude auch nicht mehr erwarten konnten, in die Kirche zu gehen, um die neue Krippe anzuschauen und den Adventskranz zu bestaunen, welcher an großen Seilen von der Decke der Kirche herunterhing.

Mutter hatte uns alle besonders schön angezogen, denn sie wollte nicht, dass sich irgendjemand über unser Aussehen mokieren konnte. Schließlich war sie eine gute Mutter, die sich um die Familie sorgte und kümmerte.

In der Kirche musste ich meine Hände aus dem Muff nehmen, denn Mutter hatte vorher gesagt, so was gehöre sich in der Kirche nicht. In der Kirche müsse man fromm sein, dürfe die Hände nicht in die Taschen stecken und müsse ganz still sein.

So standen wir nun andächtig vor der neuen Krippe. Der Stall war viel größer als vorher und mit richtigem Stroh gedeckt. Die Figuren waren in Originalgröße von einheimischen Künstlern gefertigt worden. Maria und Josef knieten davor und rundherum standen Schafe und ein Hirte. Das Jesuskindchen lag halb nackt in einem weißen Hemdchen in einer Wiege.

„Mama", flüsterte ich, da ich wusste, was sich gehörte, „Mama, das Jesuskind muss aber kalt haben. Es hat nur ein kurzes Hemdchen an. Da hat Maria aber nicht gut gesorgt."

Mutter lächelte. „Mariechen, die Mutter Gottes hatte damals nichts anderes. Es gab nur Stroh in der Hütte, in der Jesus zur Welt kam", erklärte meine Mama. „Aber warum hat sie dann ihren Schleier nicht abgenommen und ihr Kind damit eingewickelt. Du hättest das bestimmt getan!"

„Mariechen," meinte Mama, „damals trugen alle Frauen Schleier. Man bedeckte das Haar. Das gehörte sich so."

„Nackt vor anderen Leuten in der Krippe zu liegen gehört sich aber nicht, Mama. Wir dürfen doch auch nicht nackt herumlaufen," sagte ich verständnislos.

„Mariechen, das ist doch nur eine Steinfigur. Damals, als Christus zur Welt kam, hat ja niemand zugeschaut."

Da hatte Mama wohl Recht. Wer konnte schon zusehen, wenn ein Kind zur Welt kam. Aber neulich im Religionsunterricht hatte der Pastor behauptet, es sei eine Sünde, nackt herumzulaufen und sich nackte Menschen anzusehen.

„Mama", versuchte ich weiter zu flüstern, „wir werden aber alle zu Sündern, wenn wir uns nackte Menschen ansehen, das hat unser Pastor gesagt."

„Das tut man auch nicht. Aber das Jesuskindchen ist ja kein Mensch. Er ist der Sohn Gottes."

„Hat denn der liebe Gott auch eine Tochter?" fragte Karlchen neugierig.

„Nein, er hat keine Tochter", sagte Mama.

„Aber warum denn nicht?" staunte Karlchen. Mittlerweile waren noch mehr Eltern mit ihren Kindern gekommen und standen um uns herum.

„Papa", zupfte ich an seinem Arm, „Papa, wenn Gott nur ein Kind hatte, warum bringt der dann den anderen Frauen so viele Kinder?"

„Mariechen", sagte jetzt Mutter, „du sollst nicht soviel in der Kirche reden. Das tut man nicht. Das ist auch eine Sünde."

Warum sollte das jetzt eine Sünde sein, fragte ich mich, wo doch unser Pastor ununterbrochen im Gottesdienst redete. „Wenn das eine Sünde ist, weshalb darf dann der Pastor reden und auch noch so laut?" entrüstete ich mich.

„Mariechen", seufzte Mama, „der Pastor betet. Er verkündet das Wort Gottes. Das ist seine Aufgabe."

So war das also. Der Pastor durfte reden, aber Kinder nicht. Er hatte mehr Rechte. Das konnte ich einfach nicht glauben. Gott liebte alle Menschen gleich. Das hatte selbst der Pastor schon gesagt.

„Das würde ja bedeuten, dass Gott die Pastoren mehr liebt als andere Menschen!"

„Liebt Gott die Kinder nicht mehr?" fragte jetzt ein Mädchen, das hinter mir stand.

„Gott liebt alle Kinder", beschwichtigte dessen Mutter.

„Mariechen", mahnte jetzt mein Vater, „hör bitte auf deine Mutter. Wir werden nachher darüber reden."

„Aber das Jesuskindchen friert doch. Darf ich es nicht mit meinem Schal zudecken?" fragte ich besorgt.

„Niemand darf an die Krippe gehen. Das ist verboten!" sagte Papa.

Warum das wohl verboten war, wo doch vorher, als wir gerade in die Kirche kamen, eine Marienschwester vom Altar aus an die Krippe gegangen war, um eine Kerze anzuzünden. Das konnte ich ganz und gar nicht verstehen.

„Wieso darf dann die Schwester an die Krippe gehen und wir Kinder nicht?" bohrte ich weiter.

„Mariechen, wirst du wohl jetzt still sein!" sah mich Mutter streng an. Da war der Blick, mit dem sie sonst immer sagte, ich solle auf mein Zimmer gehen. Ich verstand, es gab verschiedene Arten, nackt zu sein und eine Sünde war nicht immer eine Sünde. Dass aber Gott jetzt auch noch Unterschiede mit seiner Liebe machte, empfand ich als ungerecht.

„Liebes Kind", sagte da plötzlich die Schwester, die inzwischen hinzugekommen war, um vor der Krippe nach dem Rechten zu sehen, „der liebe Gott hat alle Kinder lieb, Söhne und Töchter, alle sind Kinder Gottes, er macht keinen Unterschied."

„Aber zwischen den Frauen schon. Schwestern dürfen an die Krippe gehen, andere nicht!"

„Ja weißt du, wir Schwestern sind mit Gott verbunden."

„Aber wenn ich bete, bin ich auch mit Gott verbunden."

„Liebes Kind, Schwestern sind die Bräute Gottes. Sie weihen ihm ihr Leben."

69

„Dann hat Gott ja ganz viele Frauen. Das würde ja bedeuten, dass Papa noch mehr Frauen heiraten dürfte als Mama!"

„Die Liebe zu Gott ist etwas anderes als die Liebe deiner Eltern zueinander," erklärte die Schwester.

„Dann kann Gott sich selbst keine Kinder mehr machen?" fragte ich erschrocken, „hat er deshalb nur einen Sohn?"

Jetzt sahen uns alle erwartungsvoll an. Es war plötzlich ganz still in der Kirche.

„Mariechen", bemühte sich mein Vater zu erklären, „der liebe Gott hat selbst nur einen Sohn, weil er die Menschheit erlösen wollte, damit alle in den Himmel kommen können."

Das war also die Erklärung, der liebe Gott wollte nur die Menschheit erlösen.

„Papa", flüsterte ich jetzt so leis ich konnte, um nicht noch mehr zu sündigen, „Papa, hat der liebe Gott deshalb gesagt, lasset die Kinder zu mir kommen, denn ihnen gehört das Himmelreich?"

Atme der Stille leise Zuversicht

Atme der Stille leise Zuversicht
das Lächeln der Zeit
über Hoffnungen und Träume
dass dir dein Leben nichts versäume

Hauche des Lichtes aufklarenden Willen
ins Dunkeln der Tage
dass die Nöte deiner Augen
immerfort für die Fülle taugen

Ach weshalb blindlings
der Tage Unausweichliches betrauern
Zeit wird nichts bedauern
alles wird vergehen

Willst du sehen
die Frucht dieser Lichter
vertraue Gottes unermüdliche Schöpfung

dem stillen Willen
der alle Zeit durchdacht
in einer einzigen Nacht
ewigen Leuchtens

Kinderglück

Lichterhin
das Glühen und Funkeln
Kinderaugenleuchten
und die Stimmen der Chöre

Wieder sinkt ein Stern
herab durch das Dunkel der Nacht
glanzvoll und leise

Wieder warten die Menschen
auf den einen Moment
des Wunders
geduldig des göttlichen Trostes
voller Huld
für das Kinderglück
Wieder ist es
eine Nacht der Herrlichkeit

Ach wäre das Kinderglück alltäglich
welch großes Wunder geschähe
durch unser Zutun
vor den Augen des Herrn

Auf der Kartoffelhütte thront ein Schneemann

Am Karfreitag führt die Via Crucis vom großen Markt direkt nach Golgotha, wo Jesus ans Kreuz gebunden wird, hier auf dem kleinen Markt in Saarlouis. Während die Stadtverwaltung des Sonnenkönigs die in der ganzen Stadt in Tulpen- und Narzissenbeetchen verteilten Krönchen mit Goldfarbe anpinseln und polieren lässt, tragen sie Jesus zu Grabe.

Wir haben jetzt Advent, heute geht es um die Geburt des kleinen Heilsbringers mit goldenen Locken, nicht um sein Sterben. Zwölf Meter hoch blinkt der Tannenbaum mitten auf dem kleinen Markt, unterteilt in rote und blaue Lichtfelder; rot sind die Sterne, Schneeflocken und Rentierfiguren, blau die ungezählten Lämpchen, die dazwischen gespannt sind. Er überragt den Tannenbogeneingang mit dem Leuchtschriftzug „Weihnachtsmarkt Saarlouis", vorangestellt die bourbonische Lilie, das Wahrzeichen des Stadtgründers.

Saarlouis wälzt sich an diesem Tag im Schnee, das mehrteilige Flügelrad der hochgeschossigen Pyramide aus dem Erzgebirge sichelt zielstrebig durch die Flockenschar. Heute zelebriert das Saarländische Marionettentheater Rumpelstilzchen und manche Besucher schwanken nach mehreren Glühweinbechern genauso polternd wie der Wutzwerg aus Grimms Märchen durch die überfüllten engen Gässchen des Marktes.

Jedes Jahr gibt es neue Saarlouiser Weihnachtsmarkttassen als Stiefelchen oder Becher, wie übrigens auf allen größeren städtischen Weihnachtsmärkten, auch im Saarland, echte Sammelobjekte für Touristen und Keramikliebhaber.

„Heiße Heidi" heißt an manchen Ständen der Glühwein, der in die Becher gefüllt wird oder je nach Gewürzen und

Aromen „Weihnachtsapfel", „Zipfelmütze", „Weißer Winter"heißt, alles reine Geschmackssache. Neben Punsch und Kinderglühwein wird auch Nikolausbock ausgeschenkt.

Der Weihnachtsmarkt hat für Kinder mehr zu bieten als die Passionsspiele Via Crucis. Eine Märcheneisenbahn knattert Runde um Runde, Rotkäppchen läuft dem Wolf hinterher, sieben Zwerge suchen das Schneewittchen.

Am Handwerkerstand werden Körbe geflochten, auf den Amboss gehämmert und Holz gedrechselt. Die traditionelle Arbeitskleidung der Zünfte wärmt die Handwerker mit Lederschürze, Weste, schwarze Kapokhose oder dickem Rollkragenpullover.

Neugierige Blicke und Wehmut begegnen ihnen gleichermaßen. Erinnerungen an Vergangenes, ja früher war das noch... Wie? Besser? Aufregender? Für Kinder eine Aussicht auf Abenteuer. Die Augen glänzen. Aber nicht nur dort.

Die Eisarena ist ebenfalls ein Anziehungspunkt. Alte und junge Schlittschuhläufer starten die sportliche Karriere, nur so zum Spaß versteht sich oder meint das etwa jemand ernst? Freude soll jeder haben ohne den üblichen Leistungsdruck, doch manche rennen um den Iglu in der Mitte herum, als hätten sie eine Wette abgeschlossen. Ununterbrochen dudelt es dort „O du fröhliche" aus den Lautsprechern, selbst die Tiere im Minipark nebenan wirken gestresst. Endlich wird sie abgestellt.

Wo an Karfreitag das Kreuz aufgebaut ist, spielt jetzt die Blaskapelle des Musikvereins „In dulci jubilo". Mitsingen tut niemand und froh sind auch nicht alle. Blasmusik ist nicht jedermanns Sache, wenngleich die Musiker und Musikerinnen die Trompeten, Cornets, Tuben und Hörner tadellos beherrschen, alle Töne stimmen und sich zu einem harmonischen Klangbild zusammen fügen.

Wohlgerüche, die Appetit machen, durchziehen überall die Luft. Es riecht nach Waffeln und Knobi-Baguettes, gebrannten Mandeln, heißen Maronen, Flammkuchen, Pizzen, gebackenem Fisch, Schwenkern und Würstchen. Auf der Kartoffelhütte thront ein aufgeblasener Schneemann, skandiert von Tännchen, Eisbären und Rentierfiguren. Er wankt unter dem Schneefall auf der Dachspitze hin und her. Irgendwann ähnelt er tatsächlich einem echten handgerollten Schneemann.

Viel Gedränge herrscht an der Almhütte mit zünftigem Personal in roter Kleidung. Auf dem Vordach sitzt ein großer Nikolaus und überwacht den Platz. Im Juni spielen hier Popbands Hits und alte Schlager während der Saarlouiser Woche, dem großen mehrtägigen Volksfest der Stadt, welches das gesellschaftliche Leben widerspiegelt, mit Mundartbühne auf dem großen Markt bis hin zur Soccer Outdoor Event-Arena auf dem kleinen Markt. Am Wochenende endet das Fest mit der Saarlouiser Emmes. Dann wird hier Moselfränkisch geschwätzt, Ringgauisch oder Französisch, denn die Partnerstädte Saint Nazaire und Eisenach sind vertreten. Dann wackeln die Fassaden vom Brummen der Bässe und den Schlagzeugwirbeln.

Wem es hier heut zu laut ist, verzieht sich in die Kleine Galerie, dem Einkaufszentrum, dessen zentraler Glaskuppelbau das historische Gebäude Kaserne IV aus dem Jahr 1863 mit dem Neubautrakt verbindet. Heute ist sie zauberhaft geschmückt mit Glöckchen, Lichterketten, Glockengirlanden, Tannenbäumchen und flackerndem Kerzenlicht aus LED's. Während draußen der Schneefall nicht enden will sitzt man im Inneren an Bistrotischen, schlürft Irish Coffee oder Tee, diskrete Weihnachtsmusik inklusive.

Geschenke kann man auch im Warmen kaufen, wenngleich die schwebenden Engel an den Buden, die Duftkerzen, die filigranen Schächtelchen, Edelsteinschmuck und Kristallfigürchen mehr zum Einkauf verlocken, erst recht, wenn es schneit. Dort ist die Luft voller Adventgewürze und Aromen.

Am Abend läuten im Stahlglockenturm die fünf Glocken der 1967 nach den Plänen von Gottfried Böhm neu erbauten Stadtkirche Sankt Ludwig und Sankt Peter und Paul, deren neugotische Fassade mit Turm wegen der historischen Bedeutung erhalten blieb. Sie rufen zur Andacht in all dem weihnachtsgeschäftlichen Treiben, erinnern an das eigentliche Geschehen vor zweitausend Jahren und mahnen zur inneren Einkehr.

Die Kirche mit dem wuchtig hervortretenden Dach-Gewölbeansatz aus kubischem Faltwerk präsentiert sich ebenfalls festlich mit roten Weihnachtssterngestecken.

Links vor dem Aufgang zur Altarinsel steht vor der historistischen Statue des Heiligen Ludwigs im Kreuzrittergewand und königlichem Hermelinmantel mit der Dornenkrone Christi ein hoher Tannenbaum. Er ist mit großen Strohsternen und einer Lichterkette geschmückt. Davor steht die Weihnachtskrippe mit einem überdimensionalen Stern mit Kometenschweif und vorwiegend weiß betuchten, fast lebensgroßen Figuren.

In der Stille des halbdunklen Vorraums züngeln die zahlreich angezündeten Votivkerzen vor der Marienikone als pfingstliche Hoffnungsträger. Wenn die Kirchgänger über die roten Tonplatten in den Sakralraum gehen, verblasst auf dem Weg dorthin die Betriebsamkeit des Weihnachtsmarktes.

Die Ministranten rasseln mit den Schellen, der Priester tritt mit lila Gewand aus der Sakristei und schreitet an den Zelebrationsaltar. Wenn der Kirchenraum sich mit Orgelklängen füllt, welche von den rohen Betonwänden widerhallen, die Gemeinde „Wachtet auf, ruft uns die Stimme" singt, ist von dem Marktgeschehen draußen nichts mehr zu spüren. Das Mysterium der Menschwerdung Gottes tritt in den Vordergrund, das gottesdienstliche Geschehen mit der feierlichen Andacht.

Die Gemeinde lässt sich auf die mit grünen Kissen belegten Stuhlbänken nieder und hört dem Evangelisten zu. Kyrie eleison singt der Kantor vor, Christe eleison antworten die Gottesdienstbesucher. Weihrauch strömt vom Altar zu den Gläubigen. Wahrhaftig, jetzt erst tritt die Bedeutung der Adventszeit in den Vordergrund. Die Christen erwarten die Ankunft des Herrn.

Hallelujah

Ich hörte einen geheimen Akkord,
den David spielte zu Gottes Wort.
Hast du es gehört, das Lied, der göttlichen Liebe?

Es wie die Quarte, Quinte klang,
der Durton hob, der Mollton sank.
Der König, vertieft, komponierte Halleluja.

Hallelujah, Hallelujah Hallelujah, Hallelujah

Der Glaube braucht Beständigkeit,
ein Tanz auf dem Drahtseil, mach dich bereit.
Sein Geist und die Schönheit werden dich überfluten.

Ich sah die Taube im Marmorrund.
Die Liebe tut den Sieg nicht kund,
ist ein gebroch'nes oder heil'ges Halleluja.

Hallelujah, Hallelujah, Hallelujah, Hallelujah.

Was ich auch gab, war nicht genug.
Versuchte Gefühle sind Betrug.
Er sagte die Wahrheit, er kam nicht, um zu lügen.

Wenn vieles auch falsch vorher war,
werd' stehen vor Gottes Licht ich klar,
mit nichts auf der Zunge als dem Halleluja.

Hallelujah, Hallelujah, Hallelujah, Hallelujah.

Moselfränkische Übertragung des Liedes „Maria durch ein Dornwald ging"
Melodie und Originaltext: Wallfahrtslied 19. Jhd. Eichsfeld, Thüringen und
Bistum Paderborn, heutige Fassung 1920 im „Zupfgeigenhansl" enthalten.

Òm durren Rosenstrauch voabei

Òm durren Rosenstrauch voabei,
Kyrieleison,
Maria is gelaaf voabei,
dea hat seit siwwen Joa kään Blimchin getraa.
Josef un Maria.

Wat hat Maria unam Herz getraa,
Kyrieleison,
it Herz vom Kindchin hatt geschlaa,
dat hat Maria unam Herz getraa.
Josef un Maria.

Dò hat da Strauch widda gebliit,
Kyrieleison,
als da Strauch im Bauch dat Kindchin siit,
dò hat da Strauch widda ufgebliit.
Josef un Maria.

Wie heischt dat Kind, saa mia dat mòll,
Kyrieleison.
Dea Nòmen Chrischtus heischen sòll,
von Ònfòng òn, it heischen sòll.
Josef un Maria.

Wea sòll dat Kindchin daafen dònn,
Kyrieleison.

Sankt Johannes dat doch machen kònn,
dea dat fo't Kindchin machen kònn.
Josef un Maria.

Kritt dat von seinem Patt dònn Geld,
Kyrieleison.
It kritt de Himmel un de Welt,
dat gift sein Patt ihm ònstatt Geld.
Josef un Maria.

Wea hat erlöst de Welt alään,
Kyrieleison,
dat is it Chrischtkindchin geween,
dat hat de Welt erlöst alään.
Josef un Maria.

Deutscher Text zur Melodie „Bajuschki Baju" *Musik: Russische Volksmelodie*
Gedicht von Michail Lermontow, 1848

Schlaf mein Bübchen

Schlaf mein Bübchen, Allerschönster, Bajuschki Baju.
Mondschein fällt in deine Wiege, deckt dich leise zu.

Ich will Märchen dir erzählen, singen dir zur Ruh,
schließ die Augen nur und schlummre, Bajuschki Baju.

Einmal kommt die Zeit der Steine, die das Leben bringt.
Stemm den Fuß in Rosses Bügel, dass es vorwärts springt.

Nähen werde ich aus Seide deinen Sattel fein.
Schlaf mein Bübchen, lieber Kleiner, schlaf nur friedlich ein.

Auch du wirst ein großer Held sein, ein Kosak mit Herz.
Laufen werd ich, dich begleiten mit der Mutter Schmerz.

Bang vor Sehnsucht werd ich warten, trostlos Tag und Nacht.
Beten werd ich, lege Karten, dass das Schicksal wacht.

Deine Sorgen in den Augen, fern im fremden Land.
Schlaf mein Bübchen, schlaf solange sie dir unbekannt.

Kleines Heiligenbild geb ich dir mit auf deinem Weg.
Stell es auf, sich Gottes Aug beim Beten auf dich legt.

Wenn du reitest in Gefahren winke ich dir zu.
Schlaf mein Bübchen, Allerschönster, Bajuschki Baju.

Die Glocken von Sankt Blasius

Saarwellingen, eine Ortschaft im Landkreis Saarlouis, erlebte eine wechselhafte Geschichte. Die Kirchengemeinde beeinflusste das Zusammenleben maßgelblich, die Bevölkerung war überwiegend katholisch. Man pflegte das Brauchtum die Jahrhunderte hindurch, wenngleich der christliche Auftrag während des Nationalsozialismus arg ins Straucheln geriet.

Die Glocken von Sankt Blasius und Sankt Martin hatten seither oft geläutet und riefen die Christen immer wieder zum Gebet. Die Glocke Sankt Martin sagte: „Wenn ich wieder schweige, hat die Feigheit gesiegt.

Die Glocken Sankt Maria und Heilige Barbara sagten: „Wenn wir wieder schweigen, wurde die Kirche zerstört."

Die Glocke Sankt Blasius sagte: „Wenn ich wieder schweige, werden viele Kinder gestorben sein."

So war man im Glockenturm eifrig darauf bedacht, dass jede Glocke ordnungsgemäß zum Läuten kam. Sonst hätten die Christen womöglich gedacht, dass sich die Prophezeiungen erfüllt hätten.

Während die Erde nach der Jahrtausendwende unter Saarwellingen häufig rumorte und sich schüttelte, weil sie sich mit dem Aushöhlen ihrer Kruste durch den Kohleabbau in der Primsmulde ohne entsprechenden Ausgleich durch Streben und Stempeln nicht abfinden wollte, war das Geläut der Glocken bei Grubenunglücken weithin unüberhörbar.

Der Abbau der Kohle, lange Zeit widerspruchslos gutgeheißen oder doch wenigstens geduldet, gab vielen Familien Arbeit und brachte Wohlstand. Die Grubenarbeiter in der Anfangszeit des Bergbaus führten hingegen ein eher karges Dasein. Meist starben sie an den gesundheitlichen

Folgen ihrer Tätigkeit unter Tage, zumindest bis zur Einführung modernerer Techniken.

Die Diskussionen in Saarwellingen über das Ende des Bergbaus nahmen nach der Jahrtausendwende kein Ende mehr. Immer wieder gab es Erschütterungen und die Angst in der Bevölkerung nahm stetig zu. Selbst alte Bergmannsfamilien stellten Protestplakate in ihren Gärten auf, um auf den unhaltbaren Zustand hinzuweisen. Ohne Erfolg. Die RAG Deutsche Steinkohle AG, seit 1998 ein Zusammenschluss der Bergbauunternehmen Ruhrkohle Bergbau AG, Herne und Saarbergwerke AG, Saarbrücken, ignorierte den Bürgerprotest. Gegenseitige Verunglimpfungen standen auf der Tageordnung, ein unchristlicher Streit zog einen bitteren Trennstrich durch viele Familien.

Undichte interne Stellen kolportierten vermutlich eine der möglichen Ursachen für die Erschütterungen, die Ingenieure, die nicht genannt werden wollten, in der mangelnden Absicherung stillgelegter Flöze sahen, mehr noch, man soll aus Kostengründen die Stempel entfernt und den Hohlraum verfüllt haben. Groß war die Wut in jedem Fall und das Entsetzen über die Verantwortungslosigkeit.

Immer wieder gab es Versöhnungsversuche, läuteten die Glocken zur Andacht und zum Innehalten. Ohne Erfolg. Versprechungen folgten Erschütterungen, Erschütterungen folgten Demonstrationen, Demonstrationen folgten Versprechungen, ein Kreislauf, der 2008 ein jähes Ende fand. Aus aus dem Giebel des Kirchturms der Kirche Sankt Blasius und Sankt Martin stürzten Gesteinsbrocken in die Tiefe und fielen auf den Treppenaufgang. Alle Glocken des stark beschädigten Kirchturms verstummten. Das schwerste bergbaubedingte Beben im Saarland mit einem Wert von 4,0 auf der Richterskala fand unter Saarwellingen statt. Bis ins Köllertal war das Beben zu spüren.

Die erschreckte Bevölkerung versammelte sich vor dem Rathaus. Der Ministerpräsident, der sich am Abend zur Demonstration begab, musste polizeilich geschützt werden. Der Aufruhr war groß. Zum ersten Mal nach Kriegsende konnten die Glocken bei einem Unglück nicht mehr geläutet werden. Sollten die Prophezeiungen wahr geworden sein, war das politische Nichthandeln Feigheit vor der wirtschaftlichen Übermacht? Wurde die Kirche deshalb zerstört? Und was war mit der dritten Prophezeiung? Wie durch ein Wunder hatte eine Kindergruppe die Bibelstunde beendet und das Kirchengebäude verlassen, bevor das Erdbeben ausgelöst wurde. Die Schutzpatrone der Glocken hatten gemeinsam beschlossen, den Kirchturm so lange zusammen zu halten, bis die Kinder außer Gefahr waren. Rahel sollte um keine Kinder mehr weinen.

Der Bergbau wurde daraufhin eingestellt. Zehn Jahre später erinnerte man sich an das Unglück, bei dem wie durch ein Wunder niemand ernsthaft verletzt wurde. Die Bevölkerung versammelte sich noch einmal, diesmal friedlich und in aller Stille. Man verharrte in Andacht vor der Kirche als zuerst die Sankt Blasius-Glocke erschallte, bevor das große Glockengeläut einsetzte, das Gott dafür danken sollte, dass er entgegen der Prophezeiungen die Kinder von Saarwellingen verschont hatte.

Ein Wunder

Versprungen im Köllerbach litt still ein Reh.
Kinder es fanden, zu ihm sprachen: „Geh".
Doch ragte ein Dorn aus der Hufe heraus.
Es konnte nur humpeln, kam nicht mehr nach Haus.

Zum Doktor sie vorsichtig es hingeschafft,
die Hufe verblutet, die Wundhaut weit klafft.
„Das wird, wie es aussieht, eine läng're Geschichte,
da müsst ihr mir helfen, die Hufe ich richte."

So kamen die Kinder nun Tag für Tag,
brachten Körbe voll Futter zum Reh ins Gelag,
mit Hafer füllten sie artig die Krippe,
bis es zurück sollte zu seiner Sippe.

Am heiligen Abend geschah das Wunder,
das Reh lief ins nahe Gebüsch zum Holunder,
kam wieder heraus, sich der Pflege besann.
Den Kindern von den Augen eine Träne rann.

Das Reh nickte, sprang in den Wald still beglückt.
Den Kindern klopfte das Herz wie verrückt.
Der Doktor nahm sie in die Arme ganz sacht,
übersät mit Sternen war auf einmal die Nacht.

Deutscher Gospeltext zur Melodie „Amazing grace" Musik: New Britain,
Verf. unbek. Originaltext: John Newton 1779

Wie groß die Gnad

Wie groß die Gnad, wie süß das Horn,
das mich errettet hat.
Bis ich dich fand, schien ich verlor'n,
dein Licht die Welt betrat.

Wie weit der Weg, wie groß die Angst,
wie kostbar deine Gnad,
mit der du um mein Leben bangst,
dein Heil, Erlösung naht.

Die Engel künden auf dem Feld,
Gott stieg vom Thron herab,
trägt Christus Liebe in die Welt,
auf ewig bis ins Grab.

Das Fleisch vergeht, die Seele lebt,
das Land zerfällt wie Schnee.
Mein Alles nur zu dir hinstrebt,
kein Leid kennt und kein Weh.

Wenn du mich rufst, zu folgen dir
in eine andre Zeit,
kehr ich voll Freude heim zu dir,
zu dir in Ewigkeit.

Moselfränkische Übertragung des Liedes „Süßer die Glocken nie klingen"
M: Thüringisches Volkslied, 19. Jhd., Originaltext: Friedrich Wilhelm Kritzinger

Scheena de Glocken nit klingen

Scheena de Glocken nit klingen
als zu da Weihnachtszeit,
ma mennt, dat Engelscha singen
widda voll Frieden und Frääd.
Wie se gesung hònn, wie seelisch de Naat!
Wie se gesung hònn, wie seelisch de Naat!
Glocken met hälijem Klòng
klingen de Ead entlòng!

O, wenn de Glocken scheen klingen,
schnell se it Chrischtkindchin heat,
duut sich vom Himmel dònn schwingen
eilisch lò runna zua Ead.
Segnet de Pappa, de Mamma, it Kind.
Segnet de Pappa, de Mamma, it Kind.
Glocken met hälijem Klòng
klingen de Ead entlòng!

Scheen klingt dat Littchin so lieblich
weit hinaus iwa it Mea,
dat sich alle freien gònz friedlich.
Weihnachten gift käna hea.
Alle scheen singen, wie herrlich dat klingt
Alle scheen singen, wie herrlich dat klingt
Glocken met hälijem Klòng
klingen de Ead entlòng!

Wiener Oper

Elisabeth Hollischek hatte gerade die Linzer Torte aus dem Backofen genommen, den Tisch mit Kaffeegeschirr gedeckt. Der Ehemann kommt herein und setzt sich an den Tisch. Sie stellt die Torte auf den Tisch.

Ehefrau setzt sich hin und sagt stolz: „Mogst vielleicht die Linzer Torten scho kosten?"

Ehemann liest in der Wiener Zeitung: „Linzer Torten? A Weanerin backt a Sachertorten."

Ehefrau ist genervt: „Willst jetzt a Stickerl oder net?"

Ehemann grantelt: „Dem Kaiser hättst des net hingstellt."

Ehefrau verteidigend: „Dem Franz net, aber dem Kaiser Maximilian I. Auf's Schloss hätt i ihms bracht nach Linz. Der hätt sich ganz sicher gfreit."

Ehemann verächtlich: „Maximilian von Linz - *schüttelt den Kopf* - in welchem Jahrhundert bist du eigentlich zhaus? Die Habsburger regiern scho long nimmer. Unser Kanzler haast Sebastian Kurz."

Ehefrau nachtrauend: „Jo, schad is scho. *schwärmt* Obwohl der Sebastian Kurz genauso schneidig ausschaut wie der Franz woar."
Ehemann gereizt: „Jo kriag i jetzt a Stickerl von der Torten oder muss i vorher noch an Frack anziehn?"

Ehefrau legt ein Stück Torte auf seinen und ihren Teller: „Mogst auch an Kaffee?"

Ehemann beruhigt: „Jo, Kuchen ohne Kaffee, wo gibst denn so was?. Host ach an Schlagobers?"

Ehefrau gießt Kaffee aus: „Na, Sahne is ma ausganga."

Ehemann bissig: „Du wärst besser ausganga als da Schlagobers."

Ehefrau widerspricht: „Wie moanst denn dös jetzt?"

Ehemann gehässig: „Du hättst besser vor dem Backen olls eingholt."

Ehefrau gelassen: „Ach so. Na ja, i hobs net aufm Zettel drauf ghabt."

Beide beginnen Kuchen zu essen und Kaffee zu trinken. Die Ehefrau blättert im Weihnachtsprogramm der Wiener Oper.

Ehefrau begeistert: „Du, die Wiener Oper hot an tolles Programm über die Weihnachtstog. Tschaikowskis Nussknackerballett, das Weihnachtsoratorium und die Zauberflöte. Bestimmt is wieder olls ausverkauft."

Ehemann referiert: „Jo, des is guat fürs Gschäft. Do kuman die feinen Herrn mit die Damen und lossen sich durch Wien kutschieren. Dös gibt a scheenes Trinkgöld."

Ehefrau bestätigt: „Fiaker müsst ma sein. *seufzt voller Sehnsucht* Wos meinst, solln wir auch in die Oper gehn?"

Ehemann entrüstet: „Wos, du und i, in die Oper?"

Ehefrau schwärmt: „Warum net? Do könnt i endlich wieder mein schickes Kleid und den Nerzmantel auftragen."

Ehemann entgegnet schroff. „Dös konnt's auch ohne die Oper. Gehst mit dem oiden Mantel von der Tanta Ida halt in den Prater."

Ehefrau verärgert: „Oider Mantel? Wos kann i denn dafür, dass du mir keinen gscheiten Mantel schenkst?"

Ehemann verteidigend: „Jo bin i vielleicht a Göldspucker oder an Fiaker?"

Ehefrau schwärmt wieder: „Jo, jo, is scho recht, ober die Leit im Parkett, weißt, die schauen immer so feierlich aus."

Herr Hollischek regt sich auf: „Na servas, wann i die in der Kutschen sitzen hob, san di goar net feierlich. Do redens nur gschwollen doher. Und die so gonz nobel san, stehn am Würschtlstand, verdrücken die Debreciner und geben ka Trinkgöld."

Ehefrau grittelt: „So, so. Wann i mit dir im Fiaker sitzen tät, würds du dann a Trinkgöld gebn?"

Herr Hollischek stellt fest: „I red von die noblen Herrn, net von am Fiaker!"

Ehefrau spitzfindig: „So, so. San die Fiaker net nobel? Bist deshalb so grantig? Host vielleicht Angst, i würd di für an noblen Herrn holten?"

Ehemann etwas genervt: „Wos, wos moanst dann domit? An Fiaker is wos Bsondres, der foart nur in Wean."

Ehefrau räsoniert: „A Kutscher is a Kutscher."

Ehemann erregt. „Wos haast, a Kutscher is a Kutscher? An Fiaker foart die holbe Wölt durch Wean, von der Oper zum Heurigen, vom Lusthaus zum Stephansdom. Oll Leit hob i schon durch Wean gfoarn. Do soll a Fiaker nix Besondres sein?"

Ehefrau erklärt: „I hob net gsogt, dass du nix Besondres wärst."

Ehemann besänftigt: „So? Host net?"

Ehefrau wiederholt: „Na, i hob gsogt, dass du an Kutscher bist."

Ehemann empört: „Jo, a Kutscher is a Kutscher, host gsogt. Als wenn i net nobel sein könnt. Wann i in die Oper mit dir gehn würd, tät i jedenfalls an Champagner trinken un net so an gzuckertes Wasser un außerdem tät i an Weaner Schnitzel bestölln anstatt am Würschtlstand umadum stehn un den Senf vom Finger schlecken."

Ehefrau verschmitzt: „An Fiaker geht also doch in die Oper, trinkt Champagner und isst Weaner Schnitzel?"

Ehemann bestätigt: „Dös hob i gsogt."

Ehefrau voll Freude: „Hob i doch gwusst, dass'd nobel sein kannst, wennst willst. Dann bestöll i jetzt Karten für die Zauberflöte von Mozart und an Tisch im Restaurant Albertina."

Ehemann grantelt wieder: „Mozart, wieso denn Mozart? Bist a Weanerin oder a Salzburger Nockerl?"

Ehefrau entgegnet: „Bist du an Fiaker oder an Kutscher?"

Als am Heiligen Morgen der Notarzt kam

Als am Heiligen Morgen der Notarzt kam,
vergaß die Mutter das Backen.
Opas Beine waren auf einmal lahm,
wegen Weihnachten überkam ihn die Scham,
denn er klackte so heftig die Hacken,
dass die Knochen sich wehrten,
sich am Aufprall verzehrten.

Märsche hörte der Opa so gern, aufklang
Musik längt vergangener Tage,
die Berliner Luft er mit Leidenschaft sang,
gleichsam mit Luft und dem Tempo er rang.
Berauscht von der Taktvorlage,
schlug er zusammen die Schuhe,
vorbei war die Festtagsruhe.

Dieser Schmerz traf ihn völlig unvermutet,
oh die Füße, der Rücken, die Beine!
Er stürzte zu Boden, die Zehe blutet,
die Mutter um ärztliche Hilfe sputet.
Die Kinder im Kerzenscheine
gemeinsam hoben den Opa sie auf
legten ihn auf das Sofa drauf.

Die falsche Musik am heiligen Morgen
den Ausschlag gab für den Schrecken.
Ach Opa so lieb, ach Opa voll Sorgen,
den anderen blieb Opas Scham verborgen,
sie betteten ihn auf die Decken.
Die Vorbereitung aufs Fest dahin,
die Stimmung auch mitsamt dem Frohsinn.

Der Notarzt kam mit dem Martinshorn,
untersuchte den Korpus im Ganzen,
gebrochen war nichts, nur die Zehe vorn
er verband, den Opa überfiel der Zorn.
Das Gefühl kam zurück in die Stanzen.
Hätte er doch bloß viel mehr Verstand
gehabt ...als Soldat im Heimatland!

Der Opa versprach den Enkeln mit List,
Marschmusik nicht mehr zu spielen,
ganz besonders nicht, wenn Weihnachten ist,
dass er auch keine Fahnen mehr hisst.
Er nickte, nicht ohne zu schielen,
kreuzte die Finger heimlich und leis,
denn kein Enkel ahnt, was ein Opa schon weiß!

So fiel das Gebäck dem Sturz zum Opfer.
Aus der Truhe das Tiefgefrorene
die Mutter holte, als Weihnachtsgansstopfer
das Nudelholz diente, Opa süffelte Klopfer,
sang Lieder für's Neugeborene,
dass es die tapfere Familie tröste,
und ihn von der Schmach erlöste.

Weihnachten unter Palmen

Wenn Weihnachten in den Sommer fällt,
bist du am anderen Ende der Welt.
Dort fällt kein Schnee, dort raucht kein Kamin,
im Klee Sankt Niklas die Rentiere zieh'n.

Wenn Weihnachten unter Palmen ist,
im Sand sich wiegt der heilige Christ,
die Englein fächeln ihm Wind ins Gesicht,
vom Himmel herab brennt das Sonnenlicht.

Aus dem Meer geschöpft kühlt die Segenstraufe,
der Gang ins Wasser ist christliche Taufe.
Johannes blättert im Schöpfungsbericht,
als er vom König der Könige spricht.

Und siehe, der Erdkreis dreht sich unentwegt,
in Mariens Schoß Gott den Sohn niederlegt.
Wo immer auf Erden ein Kind kommt zur Welt,
ist's ein Geschöpf Gottes, weil Gott es gefällt.

Bad Hofgastein

Radon ist das Edelmetall, das die Münzen hier zum Klingen bringt und all jenen, die sie ausgeben, Regeneration verspricht. Nach vier Jahren bin ich wieder hier, hier in Bad Hofgastein. Mir scheint, dass sich nichts verändert hat. Die Berge glänzen in der Sonne und das Kurzentrum behütet nach wie vor seine Ruhe. Die Stätte der Gesundheitspflege zieht immer noch mehr ältere als jüngere Jahrgänge an.

Bad Hofgastein umwirbt an diesem späten Vormittag ein warmes Licht, das auf seine Besucher ausstrahlt. Die Pensionen, Kurhotels und Therapiezentren sind weihnachtlich hergerichtet. Der Schmuck der Fassaden verschönert das ohnehin malerische Straßenbild.

Auch die Privathäuser sind gepflegt. Man findet nur wenig Nachlässiges in den Seitengassen. Es ist nicht überall Erste Klasse, aber fraglos mittelständisch. Hier könnte man sein Alter zubringen, nichts regt auf. Ob dies allerdings dauerhaft zum Wohlbefinden beiträgt, weiß ich nicht. In dieser Ruhe könnte man auch lebendig begraben sein.

Das Panorama ist traumhaft. Der Tourismus hat ihm nichts anhaben können. Der Tourismus hat es mitgeschaffen. Ob er es auch irgendwann wieder zerstört? Was bliebe zurück, wenn die Gäste ausblieben? Was bleibt zurück, wenn die Gäste weiterhin kommen?

Hier sagt man ‚Grüß Gott' und obwohl ich diesen Gruß zuletzt vor über dreißig Jahren dem Pastor und der Schwester meiner Gemeinde entbot, kommt er ganz natürlich über meine Lippen. Mir ist, als wäre die Zeit stehen geblieben, die Tradition ungebrochen, zumindest vordergründig. Österreich, das Land der Könige und Kaiser, der Sissi und der Donaumonarchie. Wie viele Klischees liegen in diesen Grenzen und wie viel Ungesagtes frisst hinter den Fenstern die Seelen auf?

Regt sich etwas hier, seit dem Haider die Menschen im In- und Ausland verschreckte? Ich bemerke nichts davon. Die Suche nach Erholung ist unpolitisch. Ich nehme die Eindrücke dieses Ortes ohne Blessuren auf, sie tun mir gut.

Das Licht, das vom Stubnerkogel aus die Wolken durchdringt, scheint bis in die letzten Winkel. Es überfällt auch mich und zaubert eine Freude, die alles Bedenkliche aus dem Augenblick verbannt. Dies ist eine Wohltat, kann ich doch sonst meist nur die Schatten wahrnehmen, das Graue, das auch Schönes trübt.

Angesichts dieses Gefühls beschließe ich, mich ganz der Frische der Bergluft hinzugeben, frei zu atmen und Kraft aufzunehmen, die mir wohl bald wieder fehlen wird. Auch wenn mein Kreislauf des Öfteren streikt, stört mich dies nicht. Die Ruhepausen schenken mir Zeit, mit Muße in den Himmel zu schauen.

In der Fußgängerzone begegnet man dem Aufmarsch der Nerzmäntel. Man spricht italienisch. Das Gediegene der gut Betuchten durchbrechen die Skifahrer, die Sportlichen, Lässigen. Es ist bunt und das ist gut so.

Und während ich mit meiner Kamera die Gegenwart festhalte, nähert sich die Mittagszeit mit dem Geruch feiner Speisen. Ich sollte mir eine Pause gönnen und meiner Nase das Sagen überlassen.

28.12.2000

In der Nacht hat es geschneit und um sechs Uhr in der Frühe regt sich schon das Leben. Laternenlicht ruht auf dem Kirchenplatz und leuchtet die angrenzenden Straßen aus. Es ist still und so schallt jedes Geräusch in die Höhe. Jemand geht mit seinem Hund Gassi, das Räumfahrzeug drückt den Schnee von der Straße, einige eilen bereits davon. Den Neuschnee zeichnen bald Spuren menschlicher Gesellschaft.

Als ich um zehn Uhr das Hotel verlasse, sind bereits viele auf den Beinen. Ich habe den Eindruck, dass neue Gäste angekommen sind, so viele Menschen sind in der Fußgängerzone anzutreffen. Der Schnee rieselt in wässrigen Flocken und ich schlage meine Kapuze über den Kopf.

„Es sind doch Deutsche da", sagt eine Österreicherin zu ihrem Begleiter. Mit deutschen Gästen hat man wohl weniger gerechnet und wundert sich nun, dass einige sich nicht haben abschrecken lassen. Gesprochen wird überwiegend Weanerisch, ansonsten hört man italienisch, englisch und russisch.

Heute gehe ich über die Kurpromenade, vorbei an der Gemeindeverwaltung und dann ins Kongresszentrum. Ich erkundige mich über die abendliche Rodelfahrt und setze mich anschließend in den Lesesaal.

In den Salzburger Nachrichten steht ein Artikel über die Suche nach qualifizierten Internet-Spezialisten in Österreich. Die Schwierigkeit läge darin, dass Österreich kein Einwanderungsland sei und man der globalen Marktentwicklung hinterherrenne.

Die Frage, ob Spezialisten wohl nach Österreich kommen würden, wird mit einem Vergleich deutscher Ausländerfeindlichkeit beantwortet. In Deutschland würden ausländische Arbeitnehmer auf der Straße angegriffen, dies geschehe in Österreich nicht.

Und weiter berichtet man von Zollfahndungen nach deutschen Rindfleischimporten. Offensichtlich ist die Presse nicht gut auf Deutschland zu sprechen. Der Boykott hat lesbare Spuren hinterlassen.

Der Lesesaal ist gut besetzt und da keine andere Zeitung mehr frei ist, mache ich mich wieder auf den Weg. Diesmal will ich mir die Schlossalmbahn ansehen, eine Standseilbahn.

Die Skifahrer bevölkern die Wartezone und wenig später kommt sie angefahren, die Seilzugbahn. Wie viele Personen sie wohl fasst, frag ich mich und ich muss an das Unglück am Kitzsteinhorn denken. Ob man in diesem Gefährt überleben würde, sollten die Seile reißen? Wohl kaum. Ich habe gesehen, was ich sehen wollte und spaziere in Richtung Kurpark.

Es ist diesig, die Schneewolken hängen tief ins Tal und die Sonne lässt auf sich warten. Dennoch gerate ich in eine Schneelandschaft, die ich seit längerer Zeit so nicht mehr gesehen habe.

Der Kurteich ist leicht übergefroren, einzelne Sträucher stechen aus der Eisschicht. Der Schnee hat weiße Kugeln daraus geformt, Wattebälle, deren Anordnung rein zufällig ist. Am Ende des Teichs ist die Wasseroberfläche noch offen. Wildenten tauchen darin herum und hüpfen auf die dünne Eishaut.

Auf großen alten Tannen liegt der Schnee handbreit auf. Bei leichten Windstößen fällt er hin und wieder zu Boden, eine Winterwelt, geeignet für ein Postkartenbild. Nur die Sicht ist durch den Dunst stark getrübt. Die Hänge des Kreuzkogels sind weiß verhüllt, einige Berghütten sind zu sehen, die Schwaden ziehen an ihnen vorbei.

Ich laufe die Wiener Allee hinunter, die 1985 den Wiener Besuchern gewidmet wurde. Die Gasteiner Ache säumen auf der anderen Seite Wohnhäuser. Von deren Fenstern aus muss man eine schöne Aussicht auf den Kurpark haben.

An der 1936 erbauten Achenbrücke verlasse ich den Wanderweg und laufe in den Ort, der sich Hundsdorf nennt. Hier ist es weniger feudal, aber immer noch ansehnlich. Mir scheint, die ortsansässigen Hofgasteiner sind eher in diesem Viertel zu finden. Doch die Zeit, mich auf ein Gespräch einzulassen, bleibt nicht. Meine Jacke ist vom Schnee schon durchnässt und ich muss zurück, bevor ich mich erkälte und mir einen Schnupfen hole.

29.12.2000

Es ist Freitag. Mein Weg führt mich wieder ins Ortszentrum. Ich suche das Hotel Alpina, das ein eigenes Hallenbad vorweist. Ursprünglich wollten wir in dieses Hotel. Es war jedoch ausgebucht. Vom Zentrum der Ortsmitte aus gelange ich in wenigen Minuten an das Haus, dessen Thermeneinheit von außen sichtbar ist.

Ein Glaspavillon gewährt Einblick auf Kurgäste, die sichtlich entspannt auf Liegen die Zeit genießen. Der Eingang liegt auf der anderen Straßenseite. Auch er ist mit Tannengirlanden umrankt, wirkt weniger feudal, aber dennoch einladend. Das Hotel muss viele Gäste aufnehmen können, so groß wie seine Ausmaße sind.

Ich bedaure für einen Moment, dass keine Zimmer mehr frei waren und wandere wieder über Seitenstraßen zurück in die Fußgängerzone. Im Lesesaal kann ich diesmal die Frankfurter Zeitung erhaschen. Es ist weniger Betrieb und so setze ich mich an ein Fenster mit Ausblick. Das Weltgeschehen ist nicht ermutigend. Dieser Jahreswechsel lässt nicht viel Gutes zurück.

Während ich einen Artikel des Vorsitzenden der Bundesärztekammer zur Embryonenforschung lese, spricht mich eine etwa achtzigjährige, sehr gepflegte Dame an.

„Sie haben die Frankfurter Zeitung! Ich komme extra wegen dieser Zeitung her. Könnte ich sie nach ihnen bekommen? Ich sitze da hinten am Fenster, sehen sie. Aber lassen sie sich ruhig Zeit, meine Tochter kocht heute, da kann ich warten. Wir haben hier keine so gute Zeitung wie diese, mein Kompliment."

Sie versichert mir weiter, warten zu können, ich soll in Ruhe zu Ende lesen. Dann geht sie zu ihrem Fensterplatz zurück.

Jetzt fällt es mir schwer, konzentriert weiter zu lesen. Ich muss den Artikel zweimal lesen. Meine Einstellung zur Embryonenforschung ändert sich nicht. Es ist jedoch beruhigend zu wissen, dass auch Mediziner das Klonen von embryonalen Stammzellen aus rein wissenschaftlichen Gründen ablehnen. Die Forschung beansprucht lediglich die sogenannten überzähligen Embryonen aus künstlichen Befruchtungen, da diese ohnehin getötet werden müssten.

Stimmungsaufhellend ist dies alles nicht. So überfliege ich das Feuilleton und bringe der netten Hofgasteinerin das lang ersehnte Journal.

Ich bummele durch die Einkaufsstraße und gehe in ein Sportgeschäft, da ich seit längerer Zeit gerne einen typisch alpinen Strickpullover kaufen will. Ich hoffe, dort ein zu mir passendes Teil zu finden. Und tatsächlich, ich habe Glück. Voller Freude verlasse ich die Einkaufsstätte und mache mich auf die Suche nach weiteren Mitbringseln.

30.12. 2000

Der Tagesbeginn überrascht mit Neuschnee. Dieser Schnee ist nicht wässrig. Er hat sich über das gesamte Stadtbild gelegt und übertrifft meine Vorstellungen von Winter. Ich muss die Kamera holen und filmen. Dies muss ich aufbewahren für weniger schöne Zeiten.

Wieder kommen mir Bilder aus vergangenen Zeiten vor Augen. Damals, als ich noch keine Überlegungen zum Leben und Überleben anstellen musste, als ich noch mit großen Augen alles um mich herum ohne Reflexion aufnehmen konnte und die Natur abmalen wollte.

Dieses Verlangen packt mich auch jetzt, ein Bild zu malen von diesem Wunder an Natur. Es ist außergewöhnlich schön und ich bedaure, dass meine Tage schon vorüber sind.

Die Sonne blinzelt am Horizont, wir haben Kaiserwetter. Ein rund herum schöner Tag erwartet mich und das letzte, was ich von diesem Ort mitnehme, ist die Vergegenwärtigung, dass es doch noch Winter gibt. Das weiße Kleid der Landschaft schimmert und glitzert. Die Straßen sind vollkommen weiß, der Verkehr ist erlahmt.

Die Spaziergänger setzen bedächtig einen Schritt vor den anderen. Heute muss man Zeit aufbringen und Zeit ist das einzige, was mir jetzt fehlt. Ich weiß, irgendwann komme ich wieder her und bis dahin muss mir mein Filmmaterial ausreichen.

Gottes Zeit

Du hast uns begonnen Lebensschöpfer,
hast uns gepflanzt in den Sand wie ein Töpfer,
du hast uns mit deiner Liebe genährt,
uns Tag für Tag deine Gnade gewährt.

Du bist der Hirte, wir deine Herde,
du weidest uns sanft auf den Wiesen der Erde,
du schickst den Engel, den Himmelswächter,
Stunde für Stunde, denn wir sind nur Pächter.

Du schicktest den Sohn, Christuskönig.
Maria den Herrn lobpreist untertänig.
Des Himmels Heerscharen verkünden das Kind,
geborgen in seinem Opfer wir sind.

Die Glocken erschallen, ein Stern geht auf
und weist den Weg durch den Himmelslauf.
Maria und Josef behüten das Glück,
drei Weisen ihm folgen Stück für Stück.

Sie bringen Weihrauch, Myrrhe und Gold,
auf die Knie sie fallen vor dem Wunderhold,
die Zeit auf einmal stille steht,
wenn die Seele in den Himmel eingeht.

Bedenke, oh Mensch, wie kurz deine Frist,
in der du hier wandelst, auf der Erde bist.
Suchst du nach Gottes Seligkeit,
mach dich bereit für die Ewigkeit.

Deutscher Text zur Melodie „Jolotschka" Musik: Karl Leonidowitsch Beckmann, 1905 Originaltext: Raisa Kudaschewa 1903

Ein Tannenbäumchen steht im Wald

Ein Tannenbäumchen wuchs im Wald,
gebor'n in grünem Kleid,
wuchs auf, ist schlank und immergrün,
Sommer- und Winterzeit.

Der Schneesturm sang ein Liedchen vor:
„Schlaf Tannenbäumchen, schlaf!"
Der Frost im Schnee sich kalt verlor.
„Frier nicht, schlaf ein, sei brav."

Ein graues Häschen ängstlich hüpft
unter den Tannenbaum.
Schon lief der böse Wolf vorbei,
sucht es am Waldessaum.

Im dichten Wald knirscht Schnee, es quietscht,
die Schlittenkufen stehn.
Das Pferd im Zottelfell fest zieht,
dann kann es weitergehn.

Im Schlitten sitzt ein alter Mann
und treibt das Pferdchen an.
Dann steigt er aus und fällt den Baum,
die kleine schlanke Tann.

Jetzt steht das Tannenbäumchen hier,
geschmückt zum frohen Fest
und alle Kinder freuen sich,
dass es sich feiern lässt.

Weihnachtsevangelium in Moselfränkisch

Als da Quirinius da Präsident von Syrien woa, hat da Kaiser Auguschtus än Gesetz gemach, dass all Leit von dòò gezählt gin sollten. It woa it erschte Mòòl, dass se die Leit in Syrien zählen wollten. Dòmòls is jeda uff die Bummaschtrei in die Stadt gong, in dea ea geboa woa, damit ea gezählt gin kunnt. Ach da Josef aus Galiläa, dea in da Stadt Nazareth gewohnt hat, is dòhin gòng. Dò dea äna von de Davidse woa, hat ea ach ins jidische Lònd in die Stadt gemusst, wo ea heakumm wao. Die hat Bethlehem gehieß. Es Maria, sei Fraa, hat a metgeholl. It woa in ana Umstänn.

Als die dò ònkumm sin, hat it die Wehen kritt. Dò is dea klään Jesus uff de Welt kumm. It hat en in Windeln ingewickelt und in än Futtakripp geleet, weil sie kään Hotelzimma mee kritt honn un deswejen im Stall iwanaachten mussten. In dea Gejend hònn Hirten naats ia Schòòf gehiit. Dò hat da Gott denen än Engel geschickt. Dea hot so gestrahlt, dass die Hirten Ongscht kritt hònn. Dò hat da Engel gesaat: Hònn kään Ongscht. Eich soll auch von dea groß Frääd vazeelen, die foa all Leit uf da Welt pasiat is. Haut Naat is da Hälond geboa gin, da Christus, än Mònn aus da Stadt, wo die Davidse heakummen. Un dòdròòn kinnena en erkennen: it Kindchin is in Windeln ingewickelt un leit in a Kripp in äm Stall.

Als dea Engel dat vazeelt hat, is än gonz Herd Engel kumm, än Armee volla Engel. Die hònn Gott gelobt und gesaat: Ehr sei Gott lò owen und Frieden uf da gonz Welt bei all den Leit, die ihm gefallen gäften. Lukas 2, 1-14

Moselfränkische Übertragung des Lukas-Evangeliums

Christnacht

Die Kerze seh' ich leuchten
inmitten dunkler Nacht,
wärmt Hände uns, die feuchten,
hat Lichtschein uns gebracht.

Sag an, was strahlen Kerzen
so hell und wunderbar,
dass freuen sich die Herzen
an ihrem Schein, fürwahr.

Es ist doch Christnacht heute,
die heilig, stille Nacht,
erwacht ist ew'ge Freude,
Erlösung ist gebracht.

So lasst und niederknien,
lasst beten uns zu Gott,
dass Christus uns erschienen
in uns'rer Erdennot.

Hört ihr Christen

Hört ihr Christen, öffnet Ohren,
alle, die ihr einst verloren
freut euch, Christus ist uns nah.

Hat für uns sich selbst gegeben,
schenkt den Seelen ew'ges Leben,
freut euch, Gott, der Herr ist da.

Er nur kam zu uns hernieder,
stimmet an festliche Lieder,
macht die Türen auf, das Tor.

Lasst erschallen die Gesänge,
lasst posaunen Jubelklänge,
stimmet ein in diesen Chor.

Alle Zeiten sich nun wenden,
seine Liebe wird nie enden,
alle Menschen werden gleich.

Völker preist den Gott der Wahrheit,
den Erlöser, seine Klarheit
dienet seinem Königreich.

Deutscher Text zur Melodie „Jezus malusieńki" - Trad. polnisches Weihnachtslied 18. Jhd, Verf. unbek., Originaltext: Verf. unbek.

Jesuskindchen muss weinen

Jesuskindchen muss weinen.
Bittrer Frost dringt aus Steinen
auf das Stroh und lässt es frieren
zwischen all jenen Tieren,
auf das Stroh und lässt es frieren
zwischen all den Tieren.

Mütterlein kann nichts kaufen,
flicht aus Stroh Bettchens Schlaufen.
In den Schleier wickelt's Kindlein,
Heu und Stroh sind sein Hemdlein.
In den Schleier wickelt's Kindlein,
Heu und Stroh sind's Hemdlein.

Keine Wiege um zu wippen,
liegt auf Stroh in der Krippen,
bindet Stroh zu einem Zöpfchen,
legt es unter Jesus Köpfchen.
bindet Stroh zu einem Zöpfchen,
legt es unters Köpfchen.

Hirten kamen um zu beten,
seinen Segen sie erflehten
in dem Stall in dieser Armut
find es Wärme durch die Herzglut,
in dem Stall in dieser Armut
wärmt es nur die Herzglut.

Heute ist ein Kind geboren

Heute ist ein Kind geboren
in der Dunkelheit der Nacht,
steigt herab von den Emporen
Boten der himmlischen Wacht.

    Engel, ihr sollt sie uns bringen,
    hoch vom Himmel diese Kund,
    lasst die Flügel schneller schwingen,
    fliegt hinab ins Erdenrund.

Kündet von der Gottesliebe,
die uns Menschen schenkt das Heil,
dass der Himmel offenbliebe,
Frieden wird der Welt zuteil.

    Denn das Wort ist Fleisch geworden
    und wohnt mitten unter uns.
    Lasst die Liebe überborden,
    Dank und Ehr sein eures Tuns.

Dass die Seelen nimmer leiden,
keine Schmach mehr trübt das Licht.
wir auf Gottes Erde weiden,
seine Liebe uns gebricht.

Deutscher Text zur Melodie „Gdy śliczna Panna" - Trad. polnisches Weihnachtslied 18. Jhd, Verf. unbek., Originaltext: Verfasser unbek.

Die schöne Mutter

Die schöne Mutter schaukelte die Wiege,
sang liebste Lieder, dass er friedlich liege.
Lilili, lilai, schlaf mein süßes Kindlein.
Lilili, lilai, schlaf mein liebes Knäblein.

Die ganze Schöpfung preist des Herren Namen
Herzen voll Freude jubeln, singen Amen.
Lilili, lilai, großer Fürst des Lebens.
Lilili, lilai, Himmelsherr des Gebens.

Wächter des Himmels, himmlische Heerscharen,
Engel des Herren, Himmelsgeist des Klaren.
Lilili, lilai, schlaf im warmen Wippchen.
Lilili, lilai, schläfst im armen Krippchen.

Völker der Erde, euch ist er erschienen
Lasst eure Herzen seiner Liebe dienen
Lilili, lilai, Ehre dem Erlöser.
Lilili, lilai, Heiland, großer Tröster.

Herbergssuche

Wer kann des Himmels Heiligenschein erspähen?
Ist er ein Bogen, Wolkenwogen
oder der Abenddämmerschein,
der uns umhüllt, wärmt und füllt
voll Zuversicht mit Milde, da das Kälterot
ins Blau einging und Versprechen uns bot.

Des Mondes Gebilde hing wie ausgebackene Wähen,
als Maria und Josef bei gut Betuchten
eine warme Unterkunft suchten,
vergeblich, sie schickten sie wieder fort.
Nur ein Wirt hatte Erbarmen mit den Armen,
überließ ihnen den Stall als Zufluchtsort.

Aus dem Weltall brach die Nacht das Schwarz
aus der Farbe, der Herbergsuche Seelennarbe.
Hirten wachten bei ihren Schafen,
sahen ein helles Leuchten, als eintrafen
die himmlischen Heerscharen und priesen
den Weg zu Bethlehems Stall sie ihnen wiesen.

Hoch am Himmel beleuchtete Sternenquarz
den Weg, die Weisen huldigten dem Kind ohne Bedenken
 mit Geschenken, denn es wird alle einen.
Herodes befiehlt, sucht unter Rahels Kindern
den König der Könige, dies soll mir lindern
die Angst vor den Seinen. Hörst du sie weinen?

Maria mit dem Kind floh nach Ägypten,
beschützt von Josef, ihrem Gatten.
Sie suchten einen Unterschlupf in verborgenen Krypten
und fanden auf der Flucht nach dem Anderswo
im Wüstensand die verdorrte Rose von Jericho
und warteten, bis Entwarnung von Engeln sie hatten.

Die Rose von Jericho

Sankt Nikolaus, ein kleines, im Wald gelegenes Dörfchen im Saarland an der französischen Grenze mit etwa 800 Einwohnern, seit 1973 als Ortsteil der Gemeinde Großrosseln zugeordnet, beherbergt eines der wenigen Weihnachtspostämter Deutschlands.

Vom 5. bis zum 24. Dezember können Kinder dort Briefe schreiben, sie abgeben, andere Weihnachtspost mit der dort erhältlichen Nikolaus-Sondermarke freimachen oder seine Karten mit einem postgültigen Nikolaus-Sonderstempel versehen lassen. Mehr als 18.000 Briefe aus aller Welt erreichen jedes Jahr Sankt Nikolaus vor Weihnachten. Sie werden alle einzeln von einem Team aus Nikolaushelferinnen und Nikolaushelfern beantwortet. Im letzten Jahr geriet ein syrisches Flüchtlingskind in die Schreibbzw. Kaffeestube, setzte sich an einen Tisch und begann, einen Brief zu schreiben. Eleonora Faizah schrieb in arabischer Sprache, sie konnte sich noch nicht in der deutschen Sprache verständigen, wenngleich sie mittlerweile einige Worte verstand.

Eleonora trug keinen Schleier, sondern eine weiße Hose, ein blaues Sweatshirt und braune Schuhe. Wären da nicht die samtschwarzen langen Haare und die Funken versprühenden braunen Augen gewesen, hätte niemand vermutet, dass es sich um ein Flüchtlingskind handelte.

Ganze fünfzehn Zeilen schrieb sie auf die untere Hälfte des Blattes. Auf den oberen Teil malte sie zerstörte Häuser, einen Halbmond, einen Kometen mit Schweif, der vom Himmel stürzte und mittendrin einen Nikolaus, der in seinen Händen, die er vor seinem Körper zu einer Schale geformt hatte, ein zusammengerolltes Wurzelgeflecht hielt.

Die eifrigen Nikolaushelferinnen und Nikolaushelfer waren ratlos. Was sollte das wohl bedeuten? Ein ausgetrocknetes zerfasertes Wurzelstückchen in den Händen von

Nikolaus, dargeboten wie ein Geschenk vor einer kriegszerstörten Häuserkulisse? Der Halbmond sollte wohl heißen, dass der Nahe Osten gemeint war. Da es sich um Weihnachtspost handelte, konnte der Brief nicht von einem muslimischen Kind verfasst worden sein oder doch?

Vielleicht stellte das Bild ein Gleichnis dar. Die Helferinnen wollten sich kundig machen und wälzten sich durch Heiligenbücher und Legenden. Allein die Legende der Errettung der unschuldig zum Tod Verurteilten konnte sich auf das Bild beziehen.

Ein besetztes Land, das von den kriegerischen Auseinandersetzungen mehr und mehr zerstört und von den Statthaltern ausgeplündert wurde, was die dort lebenden Menschen in Angst und Schrecken versetzte, Feldherren, die fälschlicherweise des Verrats angeklagt wurden und ein Kaiser, der im Traum von Nikolaus die Wahrheit erfuhr.

Wünschte sich das Kind also, Nikolaus sollte die Terrororganisation IS zur Rechenschaft ziehen und ihnen die Augen über das Unrecht öffnen, das sie den Menschen zufügten und sollte er zugleich den Mächtigen der Welt erscheinen und ihnen kundtun, dass sie den Frieden wieder einkehren lassen sollten um Christi Willen?

Ja Frieden, Frieden war das Allerwichtigste, damit die Menschen wieder zur Ruhe finden und die Geflohenen in die Heimat zurückkehren konnten, um das Land wieder aufzubauen. Das Kind wünschte sich Frieden zu Weihnachten und Nikolaus sollte den Frieden in das Land zurückbringen. Aber was um Himmels Willen sollte das Wurzelstück bedeuten, das Nikolaus als Gabe in den Händen hielt?

Wieder machten sich die Helferinnen und Helfer auf, um irgendwo in den Schriften eine Erklärung finden zu können. War dies ein eingegangener Weinstock, der wieder Früchte tragen sollte? In jedem Fall war es eine Pflanze, doch welche war gemeint?

Da sie keine Erklärung fanden, fotografierten sie den Bildausschnitt und stellten ihn ins Internet. Nach kurzer Zeit erhielten sie ganz viele Meldungen. Aber nur eine passte zu dem Bild, die echte Rose von Jericho, die Auferstehungspflanze, die nichts als ein Glas Wasser braucht, um wieder aufzublühen.

Auf der Flucht vor Herodes von Nazareth nach Ägypten soll Maria dieser Pflanze in der Wüste begegnet sein, sie gesegnet und ihr ewiges Leben gewünscht haben, weshalb die Pflanze auch die „Rose der Heiligen Marie" genannt wurde, in Ägypten die „Betenden Hände" oder der „Handballen" Marias. In Algerien soll man sie unter „Id Fatma Bint el Nabi" kennen, was übersetzt bedeutet, „Hand der Fatma, Tochter des Propheten".

Sollte dieses Bild also besagen, dass Nikolaus die Rose der Heiligen Maria vor sich hertrug, um die verwüsteten Dörfer und Städte im Nahen Osten wieder aufleben zu lassen mit einem einzigen Glas Wasser?

Noch einmal nahmen sie den Brief in die Hand. Eleonora Faizah hatte ihn geschrieben. Die Adresse fehlte. Im Buch der Vornamen entdeckten sie, dass Eleonora ein arabischer Name war und „Gott ist mein Licht" bedeutete. Als sie nochmals auf das Blatt sahen, verwandelten sich die arabischen Schriftzeichen in Buchstaben und auf dem Blatt stand geschrieben:

Oh Rose der Heiligen Mutter,
getränkt mit Schweiß und Blut,
verschenke dieser Blüte Sinn
von Syrien bis Ägypten hin,
vom Libanon bis zur Türkei,
weck alle auf und mach sie frei.

Denn Einer ist, der für euch spricht:
Kommt her, die ihr nach ihm verlangt.
Die Frucht erneuert jedes Land,
das er an alle Menschen gab,
für ein Leben in Liebe, nicht für ein Grab.

111

Die Mutter der Liebe und Gottesfrucht,
der Erkenntnis und heiligen Hoffnung,
schenkte durch Gottes Liebe das Leben.
Nur mit Liebe kann es ein Wunder geben.

Da sie die Adresse nicht fanden, vervielfältigten sie den Brief und schickten ihn an die Mächtigen der Welt. Man erzählte sich, dass sich der Brief jeweils in die Sprache des Empfängers verwandelte, als die Präsidenten ihn öffneten.

Die Nikolaushelferinnen und Nikolaushelfer beschlossen, das Gedicht der Rose von Jericho über der Eingangstür des Weihnachtspostamts aufzuhängen in der Hoffnung, Gott würde sich der Kinder annehmen und Nikolaus würde den Mächtigen im Traum erscheinen und sie zum Frieden ermutigen.

Wer am Weihnachtspostamt zur Tür hinauf blickt, die Augen schließt und an die verlorenen Kinder der Kriege in der Welt denkt, kann den Brief vielleicht sehen und hilft dem Nikolaus, überall auf der Welt die Friedensbotschaft zu überbringen und den Mutigen Unterstützung zu geben.

Deutscher Gospeltext zur Melodie „Go Down Moses", von afrikanischen Sklaven 1861 in Virginia gesungen.

Gehe Moses

Als Israel war in Ägyptens Land:
Lass mein Volk jetzt gehn.
So unterdrückt hielt nicmand stand.
Lasst mein Volk jetzt gehn.
Gehe Moses, nimm den Weg nach Ägypten,
sag dem Pharao: Lass mein Volk jetzt gehn.

Gott sprach's und Moses kühn androht:
Lasst mein Volk jetzt gehen.
Die Erstgebornen sind sonst tot.
Lass mein Volk jetzt gehn.
Gehe Moses, nimm den Weg nach Ägypten,
sag dem Pharao: Lass mein Volk jetzt gehn.

Sie soll'n nicht mehr leibeigen sein.
Lass mein Volk jetzt gehn.
Lass sie hinaus mit Brot und Wein.
Lasst mein Volk jetzt gehn.
Gehe Moses, nimm den Weg nach Ägypten,
sag dem Pharao: Lass mein Volk jetzt gehn.

O lasst uns aus der Knechtschaft fliehn.
Lass mein Volk jetzt gehn.
Lass frei uns, wir als Christen ziehn.
Lasst mein Volk jetzt gehn.
Gehe Moses, nimm den Weg nach Ägypten,
sag dem Pharao: Lass mein Volk jetzt gehn.

Jerusalem

Weiße Steine pflastern alle Wege
trennen teilen Jerusalem
wie ein Apfelspalter

mühsamer Weg in die Höhe
kein Baum der Erkenntnis
von dem zu speisen wär

über der goldenen Menora
thront die goldene Kuppel
darunter römische Kapitelsäulen

vor der Klagemauer der Frauen
wachen Angehörige der Orden
über die Einhaltung ritueller Verhaltensregeln
die Mütter Theresas bekreuzigen sich

Verschleierte klammern sich an die Ritzen der Wand
religiöse und unreligiöse Menschen lehnen sich
mit ausgebreiteten Armen an die Mauer
für die Öffnung göttlicher Begegnung

Wortflammen züngeln
vor den Augen Schweigender
der Rückzug vorsichtigen Schritts
ohne Smartphones und Tablets
rückwärtsgewand

Deutscher Text zur Melodie „The Holy City", M: Stephen Adams; Originaltext: Frederick E. Weatherly

Die heilige Stadt

Die letzte Nacht im Schlafe träumte ich, dass ich wär
im alten Teil Jerusalems, am Tempel ging ich her.
Ich hörte Kinderstimmen und jede sang so klar,
dass Engels Stimme widerklang vom Himmel wunderbar,
dass Engels Stimme widerklang vom Himmel wunderbar.

Jerusalem! Jerusalem! Mach die Tore auf und sing!
Hosanna in der Höhe! Hosanna für den König kling!

Dann schien der Traum verwandelt, verändert war die Stadt,
die Straßen leer und einsam, kein Lied das Kind mehr hat!
Die Sonne war verdunkelt, der Morgen kalt und schrill,
ein Kreuz stand auf dem Hügel im Schatten totenstill,
ein Kreuz stand auf dem Hügel im Schatten totenstill.

Jerusalem! Jerusalem! Hör der Engel Trauerklang.
Hosanna in der Höhe! Der König mit sich rang!

Noch einmal wechselte das Bild, die Welt in Seligkeit.
Ich sah die heil'ge Stadt vor mir am See der Ewigkeit.
Die Tore voller Gottes Licht, das durch die Straßen scheint.
Sterne und Mond bei Tag und Nacht im Himmelsglanz vereint,
Sterne und Mond bei Tag und Nacht im Himmelsglanz vereint.

Jerusalem, Jerusalem! Verkünde es weit und breit.
Hosanna in der Höhe! Hosanna in Ewigkeit!

Sylvestergeburtstag oder Anton und das Fräulein von Hohenstein

Hausdiener Anton deckt den Tisch. Als er fertig ist, kommt Fräulein von Hohenstein die Treppe hinunter und geht an den Tisch.

Sie: Anton?

Er: Fräulein von Hohenstein, guten Abend.

Sie: Guten Abend, Anton.

Er zieht den Stuhl vor.
Er: Sie sehen aber bezaubernd aus heute Abend, Fräulein von Hohenstein.

Sie setzt sich hin.
Sie: Ich fühle mich heute Abend schon viel besser, Anton.

Er schiebt den Stuhl zurück.
Er: Das freut mich sehr, Fräulein von Hohenstein.

Sie: Ich muss sagen, Anton, es sieht wieder sehr schön aus, wirklich, das haben sie sehr schön hergerichtet.

Er: Vielen Dank, Fräulein von Hohenstein, haben sie vielen Dank.

Sie: Sind alle gekommen, Anton?

Er: In der Tat, sie sind alle hier, ja, ja. Sie sind alle zu ihrem Jahrestag gekommen, Fräulein von Hohenstein.

Sie: Sitzen alle auf ihren Plätzen?

Er: Alle sitzen auf ihren Plätzen wie immer, Fräulein von Hohenstein.

Sie: Herr Geldermann von der Deutschen Dank?

Anton geht an den Sitzplatz rechts von ihr.
Er: Er sitzt hier, Fräulein von Hohenstein.

Sie: Herr Wildspecht?

Anton geht einen Sitzplatz weiter.
Er: Herr Wildspecht sitzt hier, Fräulein von Hohenstein.

Sie: Direktor von Stoch?

Anton geht um den Tisch herum.
Er: Direktor von Stoch sitzt hier an der Seite, Fräulein von Hohenstein.

Sie: Und mein napoleonischer Freund, Herr Blafontaine?

Anton geht einen Sitzplatz weiter.
Er: An ihrer linken Seite, Fräulein von Hohenstein.

Sie: Danke Anton. Dann können sie die Suppe servieren.

Er: Die Suppe, vielen Dank Fräulein von Hohenstein. Sie warten alle schon auf sie. Einen kleinen Apéritiv zur Suppe, Fräulein von Hohenstein?

Anton geht zum Buffet und serviert die Suppe.

Sie: Ich denke, wir trinken Sherry Anton.

Anton geht zum Buffet und nimmt eine Flasche Sherry in die Hand.

Er: Sherry zur Suppe, gut Fräulein von Hohenstein. Bei der Gelegenheit: machen wir es wie im letzten Jahr, Fräulein von Hohenstein?

Sie: Ja Anton, wir machen es wie jedes Jahr.

Er: Gut, machen wir es wie jedes Jahr, Fräulein von Hohenstein.
Anton geht um den Tisch und gießt allen ein.

Sie: Ist der Sherry trocken, Anton?

Er: Ja, ein sehr trockener Sherry, Fräulein von Hohenstein, ein sehr trockener. Genau so trocken wie heute morgen der Sonnenaufgang.

Sie hebt das Glas.
Sie: Herr Geldermann! Auf die niedrigen Zinsen.

Anten geht an den Sitzplatz rechts von ihr und hebt dasGlas.
Er: Auf ihr Wohl, Fräulein von Hohenstein. Auf die Aktien.

Beide trinken. Anton geht an den nächsten Sitzplatz. Sie hebt das Glas.
Sie: Herr Wildknecht! Auf die Musik!

Er hebt das Glas.
Er: Auf ihre besonderen Rosen, Carmencita.

Beide trinken. Anton geht um den Tisch herum. Sie hebt das Glas.
Sie: Direktor von Stoch.

Anton hebt das Glas.
Er: Ich muss sagen, das ist ein besonderes Glas aus unserer Fayencerie, Fräulein von Hohenstein. Da schmeckt der Sherry gleich doppelt so gut.

Sie: Anton, können sie das Glas nachfüllen?

Er gießt sich nach und setzt wieder zum Trinken an.
Er: Wie wundervoll, sehr gut, ja, ja. Auf die Schönheit des weißen Goldes.

Beide trinken. Anton geht zum nächsten Sitzplatz. Sie hebt das Glas.
Sie: Herr Blafontaine.

Er hebt das Glas.
Er: Ein wunderschönes neues Jahr, Fräulein von Hohenstein!

Sie: Ihnen auch, mein lieber Blafontaine.
Beide trinken.

Er: Schön das wir wieder zusammen sind, meine alte ewig junge Liebe, mon grand amour!

Sie: Sie können jetzt den Fisch servieren Anton.

Anton räumt das Geschirr ab und stellt alles auf das Buffet..
Er: Fisch aus der heimischen Meeresfischzuchtanlage. Es war der letzte, den ich kriegen konnte.

Anton serviert den Fisch.
Sie: Ich denke, wir nehmen saarländischen Weißwein zum Fisch.

Anton geht an das Buffet und nimmt eine Flasche Wein in die Hand.
Er: Weißwein zum Fisch. Machen wir es genau so wie letztes Jahr Fräulein von Hohenstein?

Sie: Ja Anton, wir machen es wie jedes Jahr.

Anton beginnt einzugießen.

Er: Ja gut, sehr wohl.

Sie hebt das Glas.
Sie: Herr Geldermann! Auf das Wirtschaftswachstum!

Anton geht an den Sitzplatz rechts von ihr und hebt das Glas.
Er: Sehr zum Wohl, Fräulein von Hohenstein. Auf die Währungsunion!
Beide trinken. Anton geht an den nächsten Sitzplatz.

Sie hebt das Glas.
Sie: Herr Wildknecht!

Er hebt das Glas
Er: Auf die Blume ihrer Reben, meine Tosca.
Beide trinken. Anton ist nun leicht angetrunken und geht schwankend an den nächsten Sitzplatz. Sie hebt das Glas.

Sie: Direktor von Stoch!

Er hebt das Glas.
Er: Oh, dass muss ich genießen, Fräulein von Hohenstein. Weißwein aus Perl.

Beide trinken.
Sie: Anton, bitte schenken sie nach.

Anton gießt sich nach.
Er: Zum Wohl, meine Hübscheste!
Beide trinken. Anton geht schwankend an den nächsten Sitzplatz.

Sie hebt das Glas.
Sie: Herr Blafontaine.

Er hebt das Glas.

Er: Ein schönes neues Jahr, Fräulein von Hohenstein. Sie sehen heute so jung wie immer aus! So jung wie immer meine Liebste!

Sie: Bitte Anton, servieren sie den Fasan.

Er: Ganz wie sie wünschen.
Anton räumt das Geschirr weg, dabei schwankt er hin und her und lässt fasst einen Teller fallen. Dann serviert den Fasan.

Sie: Ah, dieser Aufbau, ein wirklich feiner Vogel.

Er: Das ist ein würdevoller Vogel, ja wirklich, sehr würdevoll für einen Pleitegeier.

Sie: Anton, ich denke, wir nehmen Crémant zum Fasan.

Er geht ans Buffet und nimmt eine Flasche Crémant in die Hand. Er schwankt und Sitzplatz zu Sitzplatz und gießt allen ein. Er spricht jetzt verwaschen.
Er: Crémant, sehr wohl. Mmmachen wir es wie letztes Jahr, Fräulein von Hohenstein?

Sie hebt das Glas.
Sie. Wir machen es wir jedes Jahr, Anton! Herr Geldermann.

Anton geht schwankend an den Sitzplatz rechts neben ihr und hebt das Glas.
Er: Fräulein von Hohenstein, meine Teuerste.

Beide trinken. Anton ist nun stark angetrunken, verliert der Gleichgewicht macht einen Bogen zum nächsten Stuhl, dann schwankt er zurück an den nächsten Sitzplatz.

Sie hebt das Glas.
Sie: Herr Wildknecht!

121

Er hebt das Glas.

Er: Was für eine Perlage! Was für eine Auslage! Ein wunderschönes neues Lebensjahr, Fräulein von Hohenstein!

Beide trinken. Anton schwankt an den nächsten Sitzplatz.

Sie hebt das Glas.

Sie: Direktor von Stoch!

Er hält sich am Stuhl fest und hebt das Glas.

Er: Muss ich, Fräulein von Hohenstein?

Sie: Anton!

Er: Sehr zum Wohl, mein Porzellanpüppchen.

Beide trinken. Anton schwankt an den nächsten Sitzplatz. Sie hebt das Glas.

Sie: Herr Blafontaine!

Er hebt das Glas. Die Sprache wird immer unverständlicher.

Er: Meine Einzige, Schönste aller kleinen Frauen. Hick…die schönste kleinste Frau, die ich je verehrte, du Paradies meiner Träume. Hick. Ich erkläre den Reigen für eröffnet. Möchten sie jetzt gerne Früchte und den Digestiv?

Sie: Ja, es wird jetzt Zeit für die Früchte und den Digestiv!

Er räumt dem Tisch ab, stolpert dabei über den Teppich. Er stellt das Geschirr klappernd auf das Buffet. Dann nimmt er eine Flasche Digestiv und beginnt wieder einzugießen. Dabei nimmt er jedesmal einen Anlauf, um die Gläser zu treffen.

Er: Gut, machen wir es wie letztes Jahr, Fräulein von Hohenstein.

Sie hebt das Glas.

Sie: Ja Anton, wir machen es wie jedes Jahr. Herr Geldermann.

Anton schwankt an den Sitzplatz rechts von ihr und hebt das Glas.
Er: Zucker am Morgen, Zuckerpüppchen, Pfennig-stückchen!

Beide trinken. Anton schwankt an den nächsten Sitzplatz. Sie hebt das Glas.
Sie: Herr Wildknecht!

Er hebt das Glas.
Er: Oh, ich bitte um Entschuldigung. Da ist Musik von Wagner drin, Götterdämmerung Fräulein von Hohenstein.

Beide trinken. Anton macht wieder einen Bogen um den Tisch herum und bleibt am den nächsten Sitzplatz stehen.

Sie hebt das Glas.
Sie: Direktor von Stoch!

Anton schwankt an den Sitzplatz rechts von ihr und hebt das Glas.
Er.:   Zum Wohl, mein Täubchen!

Beide trinken. Anton geht an den nächsten Sitzplatz.

Sie hebt das Glas.
Sie: Herr Blafontaine!

Er hebt die Vase, entfernt die Blumen und verschüttet das Wasser, dann gießt er das Wasser in die Vase zurück und trinkt.

Er: Oh, diesen Marschall Ney bring ich um, was für eine Katzenbrühe.   *Schüttelt sich.*

Sie: Gut Anton, es ist wirklich eine sehr schöne Party.

Er: Ich denke, es ist wieder gelungen. Gehen sie jetzt zu Bett?

Sie: Ja Anton.

Er: Bleiben sie nur sitzen, ich reiche ihnen meine Hand,
Fräulein von Hohenstein

Sie: Ich tue, was sie sagen.

*Er geht hinter ihren Stuhl und schiebt ihn zurück. Sie steht auf. Er
reicht ihr die Hand.*

Er: Ja, ja, bei der Gelegenheit: machen wir es wie letztes
Jahr, Fräulein von Hohenstein?

Sie: Genauso wie jedes Jahr, Anton

Sie legt ihre Hand um seinen Arm und hängt sich ein.

Er: Gut, dann will ich mein Bestes geben.

Der Stern von Bethlehem

Er hörte zu, wo andere weghörten.
Er sah hin, wo andere wegschauten.
Er ergriff das Wort, wo andere schwiegen.

Er berührte Menschen, wo anderen schauderte.
Er reichte die Hand, wo andere Gräben zogen.
Er umarmte den Feind, wo andere töteten.

Kein Mensch hat ihn je wiedergesehen.
Kein Mensch ihn je wieder gehört.

Nur manchmal,
wenn jemand sich selbst vergisst
und alles hergibt,
was ihm etwas bedeutet hat,
glüht am Himmel
der Stern von Bethlehem.

Zwischen Wendezeiten

Oh kalte Zeit, du schneidest dich in Scheiben,
zerrinnst im Handumdrehn zu Licht und Schatten
und kenterst unbemerkt wie die Fregatten,
die zwischen Stürmen sich den Bug zerreiben.

Was hält dort Stand, wer kann da aufrecht bleiben,
wo alles modert derb wie abgeriss'ne Latten.
Kein Seestern gräbt sich ein in abgestand'ne Watten,
will dem Verderben frei sich einverleiben.

Der neue Tag zerstückelt den Kalender,
die abgelöste Zeit beginnt zu wachsen,
fügt Stund' um Stund' beisammen und behänder

strebt das Licht zu Wendezeiten-Achsen.
Es wärmt die Sonn' am Horizont das Auge,
dass diese Zeit zu neuem Aufbruch tauge.

Bücher

Vermisstenanzeige. Gewidmet den ermordeten Juden des Naziregimes. Lyrik und Prosa. Vera Hewener. Libri BoD. Norderstedt 2000. ISBN 3-8311-0748-3. 2. erw. Auflage 2014. ISBN 978-3831107483.

Lichtflut. Reisenotizen. Lyrik und Prosa. Vera Hewener. Edition Calamus. Norderstedt 2001. ISBN 3-8311-1493-5. 2. erw. Auflage 2014. ISBN 987-3831114931.

Eine Neigung aus Blau. Gegenwartslyrik. Vera Hewener. Norderstedt 2002. ISBN 3.8311-3334-4. 2. Auflage 2014. ISBN 9783831133345

Bist Himmel mir und tausend Feuerfunken. Gedichte. Vera Hewener. Mauer Verlag. Rottenburg a/N. 2003. ISBN 3-937008-46-2.

Verwirbelungen der Zeit. Vera Hewener. Lyrik mit Bildern von Carolin Isele. WiKu Éditions Paris E.U.R.L. Paris und WiKu Verlag KG Berlin 2005. ISBN 3-86553-203-9.

Es kommen andere Ewigkeiten. Gedichte. Vera Hewener. WiKu Édition Paris ISBN 2-84976-0188 WiKu Verlag 2007. ISBN 978-3-86553-189-6.

Himmelsstürme. Vera Hewener. Gedichte mit Fotografien. edition Wort Verlag Bitburg 2010. ISBN 978-3-936554-00-3.

Das Jahr: Dichtung in vier Sätzen. Vera Hewener. Gedichte mit Fotografien. BoD Books on Demand Norderstedt 2013. ISBN 978-3-7322-3168-3.

Zaubervolle Winterwelt. Gedichte, Geschichten, Notizen. Vera Hewener. Verlag BoD Books on Demand. Norderstedt 2014. ISBN 9783735761262.

Frühlingsserenade. Die schönsten Gedichte, Geschichten und Notizen zur Frühlingszeit. Vera Hewener. Verlag BoD Books on Demand. Norderstedt 2015. ISBN 978-37347-3140-2.

Die Blüte des Sommers. Sommeranthologie. Die schönsten Gedichte, Geschichten und Kalendernotizen. Vera Hewener. Verlag BoD Books on Demand. Norderstedt 2015. ISBN 978-3-7347-89540.

In der Saar schwimmen keine Krokodile. Gegenwartslyrik & Texte. Vera Hewener. Verlag BoD Books on Demand. Norderstedt 2015. ISBN 9783738635676

Von Lorraine nach Aquitaine. Reisenotizen in Lyrik und Prosa. Vera Hewener. Verlag BoD Books on Demand. Norderstedt 2016. ISBN 9783741210860.

Du trocknest meine Tränen wieder. Religiöse Lyrik & Texte. Vera Hewener. Verlag BoD Books on Demand. Norderstedt 2016. ISBN 9783743113589.

Zaubervolle Jahreszeiten. Der Frühling. Vera Hewener. Verlag BoD Books on Demand. Norderstedt 2017. ISBN 9783743125117.

Aus meinem Federkiel. Magische Momente. Natur & Seele. Gedichte. Vera Hewener. Verlag BoD Books on Demand. Norderstedt 2017. ISBN 9783744870511.

Zaubervolle Jahreszeiten. Der Sommer. Vera Hewener. Verlag BoD Books on Demand. Norderstedt 2017. ISBN 9783744870993.

„Kerzen, Wunder, Himmels-Zunder". Vera Hewener. Lustige und besinnliche Geschichten und Gedichte zur Advents- und Weihnachtszeit. Verlag BOD Books on Demand. Norderstedt 2017. ISBN 9783744893824. 2. Ausgabe 2019. ISBN 9783738629682.

Die Jahreszeiten: Auslese. Gedichte. Vera Hewener. Verlag BOD Books on Demand. Norderstedt 2018. ISBN 9783738636017

Werkausgabe Band I. Frühe Gedichte 1970-1999. Verlag BOD Books on Demand. Norderstedt 2018. ISBN-13: 9783746025292

Kinder, Hund, Familienbund. Lustiges, Tierisches und Allzumenschliches in Lyrik und Prosa. Vera Hewener. Verlag BOD Books on Demand. Norderstedt 2018. ISBN 9783746056821

Zaubervolle Jahreszeiten. Der Herbst. Vera Hewener. Verlag BoD Books on Demand. Norderstedt 2018. ISBN 9783752842135

Christnacht, Glocken, Engelslocken. Gedichte und Geschichten zur Weihnacht. Vera Hewener. Verlag BoD Books on Demand. Norderstedt 2018. ISBN 9783748107637.

In der Saar feiern die Fische. Gegenwartslyrik & Szenen. Vera Hewener. Verlag BoD Books on Demand. Norderstedt 2019. ISBN 9783732237142

Von Brandasund bis Nasholim. Reisegedichte, lyrische Ausflüge, Geschichten und Notizen. Vera Hewener. Verlag BoD Books on Demand. Norderstedt 2019. ISBN 9783732235841.